セカンドライフ、はじめてみました

bonpon 著

大和書房

はじめに

今からおよそ1年前、2016年12月に始めたインスタグラムによって、思いもよらなかったほどたくさんの方々に、私たちの写真を見ていただけるようになりました。それと同時に、さまざまな方に取材していただいたり、書籍を出していただいたりと、これもまた想像もしていなかったような経験がたくさんできた1年でした。

まったく普通に生きてきた私たちに、こんなことが起こるなんてと驚くばかりです。60歳を過ぎてからの、人生の激変でした。

そんな1年の中で、インスタグラムの投稿が唯一1カ月間途切れていたことがありました。投稿をする余裕もないほど何をしていたかと申しますと、引っ越しをしていたのです。長年住み続けた秋田から、これまで住んだことのない仙台へと住まいを移し、世に言うセカンドライフをはじめようと奮闘していました。

30年以上の年月を過ごした秋田から引っ越そうと決断したのは、ふたりの娘の子育てが終わり、同居の母を看取り、定年退職を迎えてのこと。さまざまなタイミングが合ったのだと思います。

先代から受け継がれてきたたくさんの物や土地や建物を前にし、雪深く、生活のためには車の必要な土地にあって、「いずれはふたりとも、もっと年をとる」「10年後、20年後に今当然のように行なっている日常を送れるのかはわからない」と考えました。

ふたりの娘たちもそれぞれの暮らしをがんばっている中、面倒はできるだけかけたくありません。子どもに頼らずとも自分たちで暮らしていけるような環境づくりを、先んじてしておきたいということもありました。だから探すとすれば終《つい》の棲家《すみか》であり、ふたりだけで暮らせる〝生活に便利な立地〟であることが最優先だなと考えたのです。

インスタグラムの開始は、そんなセカンドライフへの準備を進めている最中にできた、新しい趣味でした。

家具も食器も、あらゆる物の量を10分の1にし、大きな戸建てから小さなマンションへと移り住んだ今。ふたり暮らしにちょうどよい、コンパクトな生活を楽しむことができています。物の量が減ったことで、格段にラクでシンプルな暮らしになりました。気にしなくてはならなかったあれやこれやから解放され、心地のよい自由を感じています。

今、日本人の寿命は現在よりもさらにのびると噂されていますね。年をとってからの生き方というのも、今後変わってくるのかもしれません。

きっと人によって、環境によって、さまざまな選択肢が出てくるはずで、ひょっとしたらその幅は広がって自由度を増しているかもしれません。

読者のみなさまの参考になるのかどうかはわかりませんが、私たちのような普通に生きてきた者が、どのように暮らしを選び、どのように実行に移したかを率直に記《しる》してみました。

そして実際のセカンドライフの暮らしについてや、新しい環境の中で自由度を増したファッションについて。また、これまでは仕事が忙しすぎて一緒に過ごす時間の少なかった夫婦が、どのようにふたりの暮らしを送っているのか。ここに至るまでの、私たちの道のりについてもお話しできたらと思っています。

bon（夫）　pon（妻）

目次

3章 引っ越しはたいへんだ

4章 部屋を整える

5章 おしゃれを楽しむ

8章 夫婦のつくりかた

Coffee

1章
セカンドライフのつくりかた

セカンドライフを思い立ったわけ

second life

退職後をどのように過ごそうかということは、みなさん考えることだと思います。私たちも考え始めた定年退職まであと2年という時に、同居の母が亡くなりました。母は以前から、「自分が死んだら家も土地も好きにしていいよ」と言っていたので、私たちにここでずっと暮らす大きな理由がなくなったのです。そして退職ともなればなおさら、どこに住んでもよい立場になるということ。

退職したから好きな場所に住んでみようと、多くの方が「セカンドライフ」を楽しんでいるということは見聞きしています。母が亡くなって半年ほど経った頃でしょうか、私たちもこれまで住んだことのない地で暮らしてみるというのはどうだろうと思い立ちました。むしろ、そうした方がいいのではないかと思う理由がふたつ、みっつとあったのです。

まず、私たちの住む一軒家は夫婦ふたりだけの暮らしをするにはとても大きく、さらに先代の先代から継がれてきたような物が大量に詰まっていました。母の描いたたくさんの絵画、大きな行李《こうり》に山と入った昔の衣類。そこへ来て、私たち自身が一時夢中になって集めたミニカーやら、趣味のトールペイントやら、とにかく物がたくさん。世間では断捨離が話題になっていますけれども、その物量を見るだけでどこから手をつけていいのかわからなくなり、とても片づけられませんでした。本当に、古くなった家に物がいっぱいになっているというのは、体も心も身動きが取れないような気持ちになってきます。掃除すら、おっくうになってしまう始末でした。

母が亡くなった時に親戚を呼んで、母の遺した物で、「欲しいものがあったらお持ちください」とお願いしたのですが、そんなにたくさん減るわけではありません。実子ではない嫁が処分していいのか難しいところがありましたので、夫のbonの姉が来て残ったものをすべて処分してくれたことは本当に助かりました。こういう苦労を娘たちにかけたくないなと、しみじみと感じたんですね。私たちが処分をしきれずにこのままこの家に住み続ければ、いずれその仕事は娘の代に回ってしまいます。

壊すにはもったいない家ですが、ふたりの娘は大人になり、夫婦ふたり暮らしには大きすぎるし、物は片づけられないし、人に貸すとしても、壁紙や水回りを総取り換えしなくてはならず、たくさんのお金がかかります。そこまでしても借り手がつくかどうかはわかりません。娘たちもこの家に今後住むつもりはないと言っているし……。

娘の代に回して苦労をかけないように、家も荷物も、私たちの代でスッキリさせておきたいと強く思ったのです。


また、夫のbonが退職をせずに、65歳まで会社に勤めるという選択肢もありましたが、その選択をしなかったのは、これからは夫婦ふたりで過ごす時間を大切にしたい、という思いがあったからです。

bonが会社に入ってからというもの、毎日真夜中まで働き続けるという生活でした。睡眠時間が4時間ということも珍しくない生活で、夫婦ふたりの時間はほとんど持つことはできませんでした。60歳を過ぎれば給料は半分くらいまで落ちてしまいますけれど、仕事の内容はほとんど変わりません。若いうちはハードワークはできても、年をとればつらくもなってきますし、体でも壊してしまえば何にもなりません。そのようなことを考えて仕事は後進に譲り、引退することを決めていました。

いずれもっと年をとる

second life

そして仙台へと移り住んだ理由はただひとつ、「ふたりとも、いずれもっと年をとる」からです。雪かきに、車の運転、どれも生活に必要なことですが、将来を思うと不安になります。ふたりとも元気な今はよくても、体力が衰えた10年後や20年後に今と同じ暮らしができるとは思えませんでした。母親が年をとるにつれ、できることがだんだん減っていったのを、一緒に暮らして見てきたからこそ、実感する将来への不安でした。

年をとって体力がなくなっても、娘たちに迷惑をかけずに、ふたりだけでやっていける〝生活に便利な環境〟に、自分たちがまだ元気で体力があるうちに移っておきたいと考えたのです。

もし私たちがサラリーマンの家庭ではなく、土地に根づいたような自営業をしていたり、周りを多くの親戚に囲まれていたりしたなら、「移り住む」という発想はなかったかもしれません。私たちは東京で出会い、暮らし、長女の妊娠をきっかけに秋田に戻ってきたという経験があったので、土地を動くことにさほど抵抗がないのだと思います。

そうはいっても、物心ついた時からこの家に暮らしていた娘にとって、家を解体されるということは悲しいことではないかという心配もありました。私たちにとっても、建てる時には間取りをあれこれ考えたり、壁紙を選んだりと楽しんで建てた思い入れのある家です。娘ふたりの部屋があり、母の部屋があり、書斎のパソコンではいろいろな挑戦をしました。冬が長い土地柄だからと、室内で洗濯物を乾かせるように吹き抜けのところにサンルームを作り、ストーブの熱を効率よく回せるように、などと工夫を重ねた家でした。

当の娘たちはというと、「ふたりにまかせるよ」と解体にも引っ越しにも反対はしませんでした。私たちのセカンドライフと同時に、これまで一緒に住んでいた次女はひとり暮らしとなります。決めたとはいえ、やはり娘と離れるのは本当に寂しい。長女は大学進学で秋田を離れたのですが、その時はあまりにも寂しくてしばらく泣いてばかりいました。心の穴を埋めたかったのか何か小さいものを育てたくなって、里親募集で子猫をもらってきましたよ。そして今度は次女と離れることになって、仕方がないけれどやっぱり寂しいです。

引っ越しをすると決めるまでは、「本当に引っ越すのかな」「家をどうしたもんかな」「次女は本当に大丈夫かな」とあれこれ思いを巡らせていましたけれど、結論を出した後はもう、なるようにしかなりません。

母が亡くなって1年後には、腹が決まっていました。

秋田の家の間取り図

2F

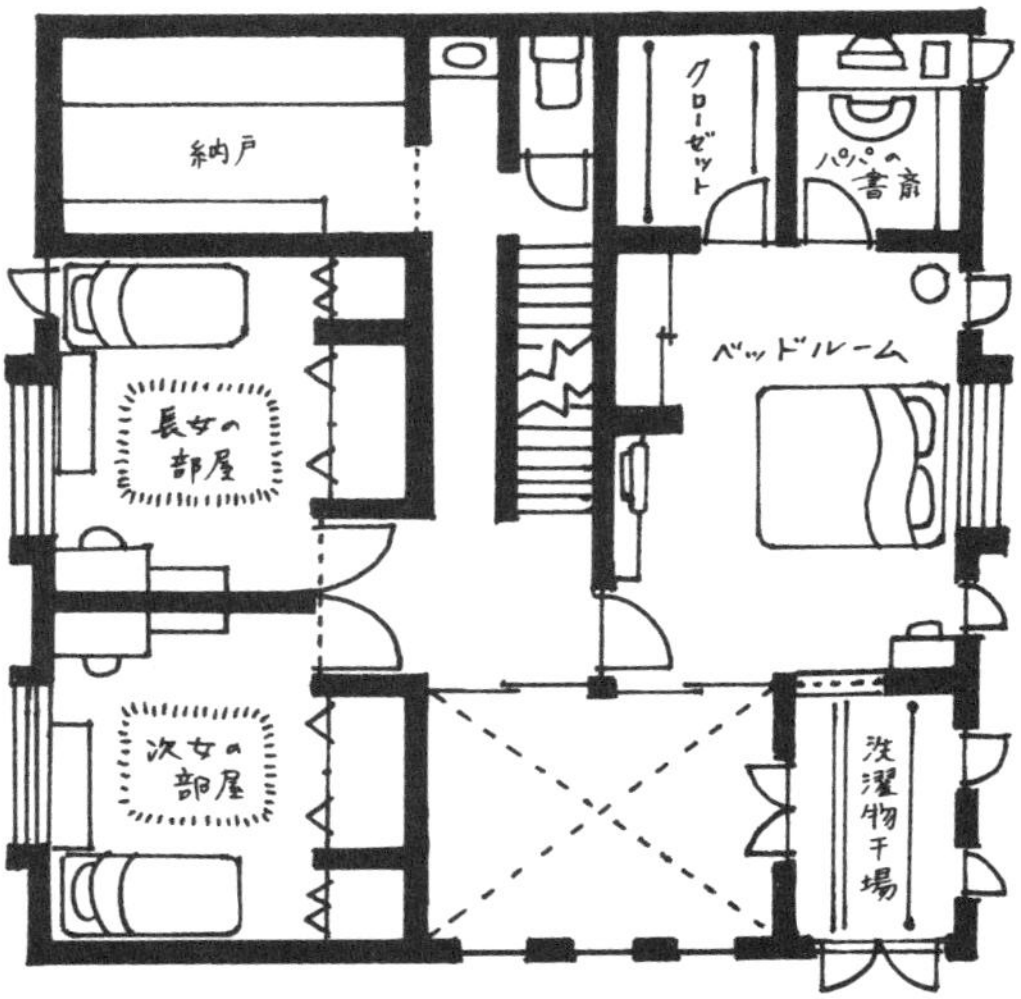

1F

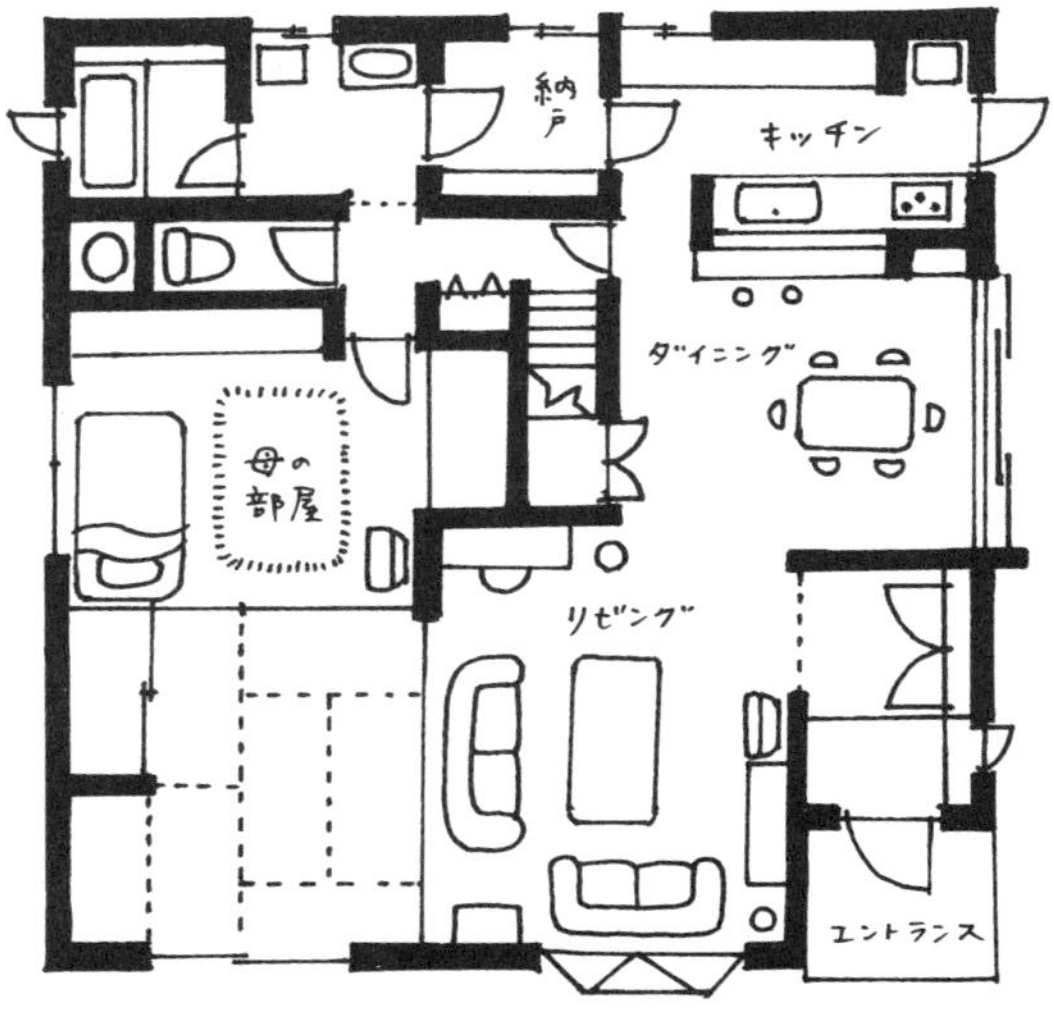

屋根裏部屋は趣味の部屋。手芸用品や大量の本など。

秋田の家・外観

リビングにはピアノを置いて

リビング・ダイニング

玄関

吹き抜けのシャンデリア

2章

ここに住みたい！
終の棲家探し

終の棲家、どう探す？

our whereabouts

どこに住むのもふたりで自由に決めていい、そうなってみると考えたいことはたくさん出てきます。暖かい南の土地に住んでもいいのだし、華やかな都会に暮らしたっていい。私たちは海外までは考えなかったのですが、日本全国どこへでも、行こうと思えば行けるわけです。

ただ、現実を見据えてあれこれシミュレーションしてみると、やはりまったくの知らない場所で、知り合いもいない土地に引っ越すのは大きな勇気がいります。そう考えると、私たちにとっては、セカンドライフの候補地は、馴染《なじ》みがあって土地勘がある場所。そして知り合いのいる場所ならなおのこと安心できそうです。

そして、前章でお話しした通り、体力的な不安から雪かきのいらないところ。かつ、もっと年をとって車を手放しても、買い物や病院、駅や役所に歩いて行くことのできるところで探せたらと思いました。秋田の家はどこに行くにも車が必要なので、年をとっても車を手放すことは難しいです。

もちろん、人によってさまざまなセカンドライフの形があると思います。例えば、都会に暮らしている人が自然と共にある暮らしに憧れて田舎へ移り住み、畑づくりや山菜採りを楽しむ。一方で私たちは、田舎に暮らしていたので都会の利便さを求めて街へと移り住む。何を優先して生きていくかによって、選ぶ形はさまざまだと思います。老後の暮らしをどうしたいかという思いをはっきりと持っていると、第一歩を踏み出しやすい気がします。

私たちにとっての望みを考えてみると、引っ越し先の候補地はおのずと絞られてくるのでした。それは、

○長女がおり、ふたりが若い時に住んでいた東京
○ponの妹がおり、故郷である千葉
○bonの姉がおり、よく遊びに行っていた仙台

の3カ所です。

なかでも仙台は、姉のもとに家族でよく遊びに出かけており、そのきれいな街並みを見るにつけ「暮らしやすそう」「住んでみたい」とずっと思っていた場所でした。なにより、8歳上の姉は、早くに亡くなったｂｏｎの父に代わり学生時代に仕送りをしてくれたような、優しくて頼りがいのある大切な存在です。姉の近くにいればお互いに心強いですし、協力しながら生きていければ、という思いもありました。

それに仙台であれば、お墓のある秋田にも比較的近く、東京へ行くにも新幹線でたったの1時間半。両者のちょうど中間あたりで、両方ともなんとか日帰りのできるような便利な位置関係です。

私たちの中で、「仙台なら！」という気持ちがすんなりと定まってきました。

土地が決まれば、次は家

our whereabouts

せっかく仙台にするのなら、姉の家まで歩いても行ける距離のところで、と物件を探し始めました。姉のところへよく遊びに行っていたおかげで、その圏内でどの駅が賑わっていて、交通の便がよいかはわかっていたのです。さらにそのエリアは以前姉が住んでいたこともあり、よく見知っていました。病院やスーパー、図書館などの公共施設がそろい、買い物に便利なわりに仙台中心部から少しはずれた閑静な雰囲気で、私たちにとっては理想的な立地。便利でラクで、なんといっても暮らしてみたら楽しそうなのです。

さっそく、その場所の物件をネット検索しはじめました。今の時代はわざわざ現地まで足を運ばなくても、自宅のパソコンでたくさんの物件を見ることができるのですから、本当にすばらしいですね。検索の条件は、「駅の近く」の「中古マンション」です。いずれは車を手放すので駅の近くがいいですし、はなから住むのはマンションと決めていました。

マンションがいいなと思った理由は、これまで戸建てに住んでいて掃除などのメンテナンスや管理がとても大変だったからです。それに、ふたり暮らしをするのに広い家はいらないとも思っていました。マンションならワンフロアでシンプルですし、出かける時の戸締りもあっという間。姉がマンション住まいなのでその暮らしぶりを知っており、訪れるにつけ、「老後はマンションがよさそうだなあ」とずっと感じていたのでした。共用部や外の落葉掃きなどは管理会社さんにお任せできて、何かが壊れたら相談もできる。セキュリティも戸建てよりは安心できそう……と。もし庭いじりの趣味でもあればまた別なのでしょうが、私たちにはそのような趣味はないのでマンションのベランダくらいがちょうどいいんですね。

そして次なる検索条件は、どうしたって「価格」です。

セカンドライフを計画するにあたって、私たちはまずすべてにかかる総予算を決めてみました。それは、マンションの購入費だけでなく、これまで住んでいた家の解体費、更地《さらち》にする費用、新居のリフォーム代、引っ越し料金、新しく買う家具などのすべてを含んだものです。マンションを購入ではなく賃貸にするという選択肢もありましたが、月々の年金が家賃に消えていくのは厳しいなと考えました。幸い母が少しお金を残してくれたので、足しにさせていただき、思い切って購入を検討したのです。セカンドライフの計画を予算内に収めるために、マンションは中古でお安いところが必須条件でした。

ネットで探し始めてからは、ｐｏｎが毎日のように何十件と物件を眺め、条件に合いそうな部屋は〝お気に入り〟に入れていきました。夜中にｂｏｎが仕事から帰ってきたら、ふたりで見て、「でも間取りがいまいちだね」「値段が見合わないかな」「築40年くらい古くなると耐震基準が違うみたい」等と話し合う日々です。

そうして2、3カ月が経った頃でしょうか、ある日私たちの条件にピッタリの物件をようやく発見したのです。場所は目当ての駅のすぐ近くで、思っていたよりお安い。間取りも理想的だし、南向きで、ペット可（飼い猫がいます）です。「すべてが自分たちのためにあるようなマンション！」と大興奮で、すぐにメールで内覧を申し込みました。不動産会社の方に「土曜日ならいつでもどうぞ」とおっしゃっていただいたので、さっそく金曜の夜に車で出かけ、姉のところに泊めてもらって朝イチで見せていただきました。探し始めてから、初めての内覧です。

そうして実際に見てみると、見るほどにその物件は私たちにピッタリでした。キッチンが独立していてリビングから生活感が見えにくいとか、納戸にできる部屋がひとつある、洗面所に猫砂のおける場所がある、トイレの中にも収納がある、など、細かく持っていた「できれば……」という希望をすべて叶《かな》えてくれているのです。眺めていると、自然と「ベッドはここに置いて」「猫の砂はあっちで」と生活のイメージが湧いてくるようでした。築およそ30年の古さにしては、管理が行き届いていてマンション全体がきれいだったのもよかったことです。

しかも、案内をしてくれた不動産会社の方がとてもいい方。マンションの管理人さんも朗らかで、住民の皆さんはとても気持ちのいい挨拶をしてくれます。なんでも、東日本大震災の折に住民の皆さんで一致団結して乗り越えたということがあり、そのために結束力がありお互いの仲が良いとのこと。仕事ばかりで家におらず、近所付き合いをあまりできなかったbonにとっては新鮮な体験です。

ここのほかにはどこも見ていない状態での、「ここしかない！」「決めましょう！」というマンションでした。いつもは慎重派で、猪突猛進型のponにブレーキをかけることの多いbonも、これには納得。迷っていると次の内覧の人に買われてしまうかもしれないと、購入を即決しました。本当はもう少しほかの物件も見て決めたほうが一般的にはいいのでしょうけれども、初めての内覧でここまでいい条件の物件に出会えたことは運がよかったと思います。

上を見ればキリがありませんが、私たちにとってはピッタリ分相応の新しい小さなわが家です。不動産会社の方が「細かいところはあとでどうにでも変えられるから、マンションは〝この場所〟という立地で決めるものですよ」とおっしゃっていましたが、住んでみれば本当にその通りだと感じています。その上価格が思っていたより抑えられたので、浮いた分をリフォームに回すことができました。

中古マンションをリフォームしました

our whereabouts

マンションを購入する際にリフォームをしたいと不動産会社の方に伝えると、このマンションをずっと手掛けてきて、水回りのことなどもすべてわかっているというリフォーム業者さんを紹介してくださいました。

そのうえ大助かりだったのが、実際に同じ間取りでリフォームされた方の、「この部屋のどこをどうリフォームすると住み心地がよいか」という話を詳しく教えてくださったこと。聞いて初めて、「そうか、和室を洋室にもできるんだ」などと知ることがありましたし、なにしろ実際に住みながらなされたリフォームだから、とても実用的なんです。

まず、駅に近い物件ということもあり、線路が近いので防音対策は大切とのこと。窓を二重サッシにしました。防寒にもなり、断熱ができて、結露も防げるので一石三鳥です。

上・リフォーム前
下・リフォーム後

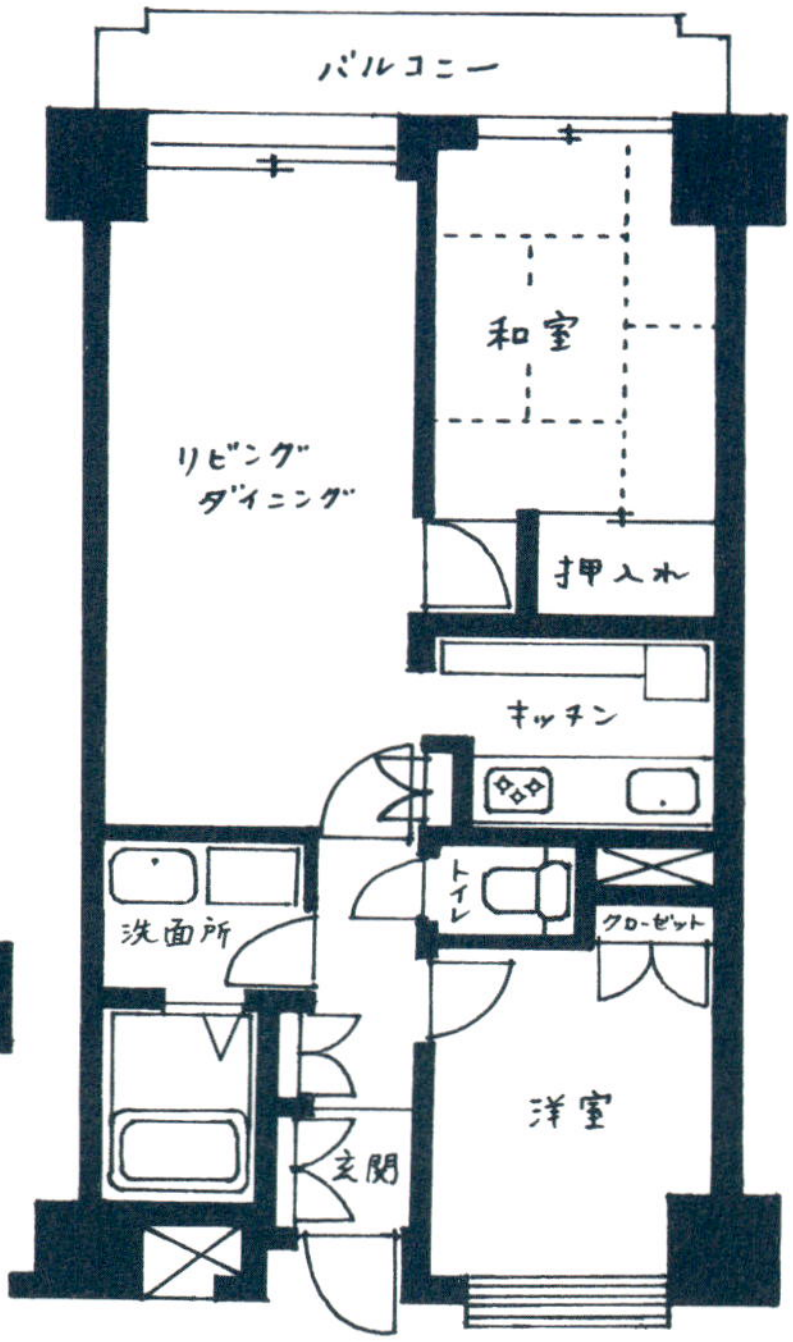

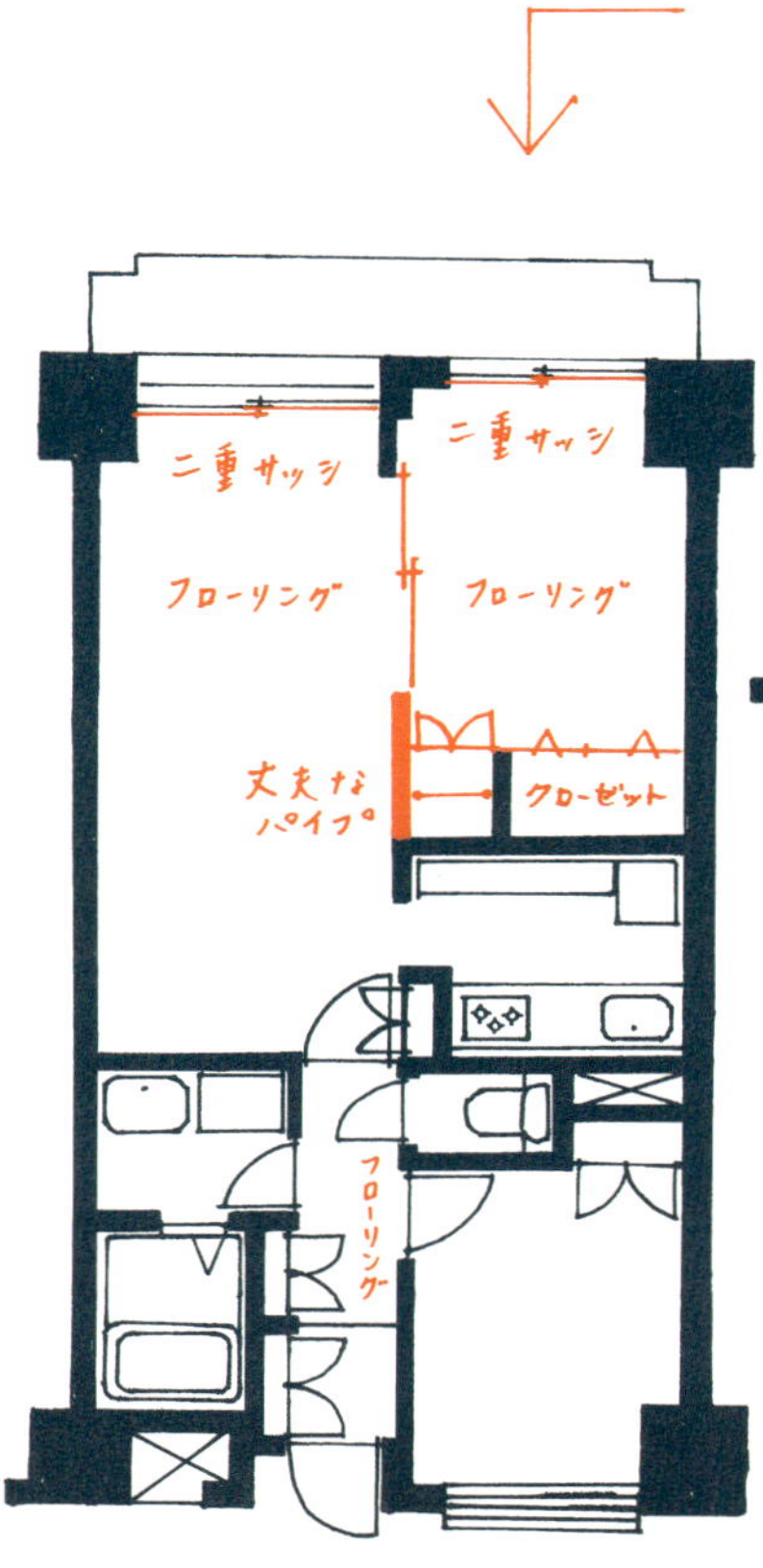

そしてリビングの横にある和室を、フローリングの洋室に変えました。北側の1室は構造上エアコンが付けられないので、こちらにベッドを置こうと思ったのです。リビングと和室の間の壁は取り払い、大きく全開にできる引き戸をつけて、開ければリビングとひとつながりになるような空間にしました。こうするとベッドからリビングのテレビが見えますし、風が通るため2室がエアコン1台でまかなえます。

壁を引き戸に変えたことにより、以前の和室の入口がデッドスペースになったのでクローゼットにしてみました。押し入れだった場所も大きなクローゼットにしたので、服をたくさん入れられて重宝しています。

また、家全体の床がクッションフロアだったのを、フローリングに変更しました。建材会社のショールームであれこれフローリングのサンプルを見て、天然木のような風合いと幅広の板が気に入って建材を決定。色合いは、以前の家の床は暗すぎたという思いがあったので、汚れが目立たない程度の濃さのものに。持っている家具と調和し、部屋を明るく見せてくれるフローリングにしました。「ワックスがけがいらないんですよ」と言われて、今の時代はそうなのかと嬉しくなりました。

施工していただいている間、私たちの住まいはまだ秋田です。私たちの場合は片道3時間をかけて通うわけにもいきませんので、工事の様子を写真に撮ってメールで送ってもらうようにとお願いをしていました。するとなんと、ある日の写真で指定したものとまったく違う色のフローリングが張られていたのです。とても驚いて、あわてて「違いますよ」と連絡をしました。半分くらい張り進んでしまっていたのですが、張り直してくれたのでホッとしました。工事過程の様子をメールで送ってもらうようにお願いしていて、本当によかったです。

予定の工期は少し延びましたが、マンション購入から入居予定日までは1年近くあったので、まったく問題ありませんでした。

ひとつだけ失敗してしまったなと思うのは、寝室のクローゼットの扉。「白いもの」とざっくり指定していたのですが、業者さんが発注していたのは「木目調の白」だったんです。ちょっと、思い描いていた雰囲気とニュアンスが違ったんですね。送っていただいた写真ではわからなかったところで、指示はもっと細かく「無地のマットな白」などとお伝えすればよかったと思いました。このクローゼットの扉も後日取り替えてもらいました。

もう少し予算があればキッチンや洗面台といった水回りのリフォームもできたなあとも思いますが、中古とはそんなものと思えば、そんなもの。もとから「必要な分だけあればいいね」と思っていたので、これだけの立地で、これだけの家に暮らせたらぜいたくすぎるくらいです。結局、今新居に足りないと思うものは何もありません。

リフォーム中の我が家。壁を壊して引き戸を入れる。

完成！ リビングと寝室。床は総フローリングに張り替えました。

リビングから寝室を見たところ。押入れはクローゼットに変身。

引き戸を引いてリビングと
ベッドルームを分けて。

引き戸を全開。引き戸
袋があるのでスッキリ。
部屋が広い。

床の色はこんなふうに落ち着いた明るい茶色。

二重サッシにして、結露
防止と防音・防寒対策を。

3章
引っ越しは たいへんだ

引っ越し日が決まった！

moving!

マンションの購入からおよそ1年後、bonが3月に退職してすぐの翌4月後半を引っ越しの日と決めました。有給休暇消化の分を合わせると、ちょうど1カ月ほど引っ越し準備に専念できるという計算です。この日に向けて、新居のリフォーム、各業者との契約、各種手続きといった支度《したく》を進めていきました。

まず、年明けくらいから秋田の土地を更地にするための家の解体業者を探し始めました。初めてのことでどうすればいいのかわからなかったので、会社の知り合い数人に「解体業者を知りませんか」と聞きまわることから。すると相談をした何人目かに、「友人の実家が解体業者だよ」という方がいたのでした。さっそく話を通していただき、そちらに頼むことに決めました。

次には、3月に入って引っ越し業者を探し始めました。ネットの一括見積りサイトを利用したら、何社かからメールが来ました。地元の引っ越し屋さんが一番安かったのですけれど、大手の一社の営業さんがすぐに飛んできて一生懸命売り込んでくれたので、そこに決めました。春は引っ越しの多い季節ですが、4月も後半になると落ち着くようで、日付はすんなりと決定。業者さんにとっても、期日の都合はよかったようです。

　引っ越しプランは、すべての荷物を自分たちで梱包《こんぽう》するコースを選びました。業者さんがすべて梱包してくれるコースもありましたが、大きい戸建てから小さいマンションへと引っ越す私たちにとって、物のほとんどは「置いていく物」。事前に仕分けておいて、どれを荷詰めすればいいのか説明するのが大変なのです。というのも、家の解体業者さんが「要《い》らない物はこっちで仕分けて処分するから置いていっていいよ」と言ってくださって。もちろん大型の不用品は別途処分代がかかりますが、大量の仕分けやゴミ出しを自分たちでしなくていいというのは、大きな大きな助けとなりました。私たちは、要るモノだけを選んで詰めればよいのです。

　そして転居にまつわる各種書類の手続きは、やはり大変なものでした。電気・ガス・水道といったところはハガキですぐにできたのですが、時間がかかったのは年金の手続き。

退職と同時に秋田の年金事務所を訪れてわけを話しましたが、手続きは仙台でお願いしますと言われました。揃《そろ》える書類も多く、電話で聞いたり、説明書きを読んだりして、頭の整理が追いつかず一生懸命に手続きを進めた印象です。しかも、手続きには予約が必要なんですね。なかなか大変だと感じました。

保険は先代からお世話になっていた保険会社の方が家に来てくださって、住所変更など滞《とどこお》りなく行うことができました。銀行は秋田で使っていた銀行の支店が新居の近くにもあり、引き落とし口座にもなっていたのでこのまま使い、徐々に仙台の銀行に移行していくことにしました。

インターネットのプロバイダーとスマートフォンに関しては、ネット上ですぐに手続きができました。運転免許証は、警察署に行って裏に住所を書き換えていただいて。あとは秋田市役所で転出手続き、仙台の区役所で転入手続きといったところでしょうか。これもだいたい引っ越し前後の1カ月で行いましたが、改めて振り返ると引っ越しは大変ですね。体も使いますが、頭もたくさん使います。とくに年金の手続きなど、もっと年をとれば理解しにくいんじゃないかなと思うこともありました。

大量の物を、手放す

moving!

諸々の手続きと同時並行して、引っ越しで持っていく物を選ぶ作業を進めていきました。引っ越し業者さんからは事前にダンボールをいただいていましたが、実際に詰めていくとそれでは足りずにホームセンターで買い足しました。使う物だけ、お気に入りの物だけ、と限定したとはいえ、全部で70～80箱にはなったでしょうか。

最初に手をつけたのは、屋根裏部屋です。そこには古い百科事典や画集、手芸用品などの、直接生活に関係のない趣味の物がたくさんあったので、生活をしながら取捨選択の手をつけやすいところでもありました。

20体以上あったぬいぐるみは、絞り込んで5体だけを選びました。古くなったわんちゃんのぬいぐるみ、娘にあげたうさぎのぬいぐるみ……どれもこれも思い出や愛着がたくさん詰まっています。だからこそ、本当にこんな機会でもないと永遠に手放せないと感じました。

ほか、チェストいっぱいに詰まった手芸用の布は、ponの老眼が進んで手芸どころではないのでチェストごと処分することに。bonが300台集めた「トミカ」のミニカーは、お気に入りのものを選んで半分の150台に。「トミカ」は安価なわりにとてもよくできていて、ワーゲンやミニクーパーのシリーズを色違いで揃えたりするのがとても楽しかったんですね。

本や雑誌も、たまると大変な量になります。『ナショナルジオグラフィック』は日本版の創刊号から集めていて、処分するのは惜しかったのですが、泣く泣くあきらめました。どうせ置くならいい本棚に入れておきたいと思うし、小さなマンションに置くには場所を取りすぎるし、それで読むかというとあまり読み返すことはしないのですから。いざ読みたくなったとしても、新居のすぐ近くには図書館があるのです。数冊を残して、処分に回しました。あとは気に入っている画集と、今となっては手に入りにくいデザインの本などをいくつか。若い時には読書が好きでしたが、老眼になってからは活字を読むのに苦労するのであまり読まなくなっているんですね。結局、ほとんどの書籍や雑誌、仕事資料などの紙モノを処分しました。

解体業者さんに処理してもらう不用品は、1階の和室と母のいた部屋にどんどん積んでいきました。大量の書籍や資料をくくっては1階に下ろし、くくっては下ろしという作業は重労働でした。でも後からよく考えてみれば、屋根裏部屋に置きっぱなしでもよかったのでは……と。それはもう、業者さんの負担が減ってよかったということで。

ほかに、家具、食器と、すべてのものを10分の1の量ほどまで絞りました。造り付けの食器棚には酒屋の名前が入った大皿や、とっくりの袴《はかま》など古い時代を感じさせるものがぎっしりありましたし、お客さん用の食器が大量に出てきたりもしました。押し入れからも、重い真綿《まわた》の布団と座布団、たくさんの花瓶など、膨大に出てきましたから。使うだけ、新居に入るだけ、となるとわずかな量を選べばよいのです。

業者の方にも、近所の方にも、もしいる物があれば持っていってくださいとお願いし、なるべく処分品を減らそうとはしましたが、それにしてもすごい量です。本当に、解体業者さんに処分をお願いできたことがありがたかった。ベッドや古いたんすなどの大きいものはその場にそのままにしておけばよかったし、ピアノは買い取り業者に無料で引き取ってもらいました。物を「捨てる」のは気が引けても、「いる物をピックアップする」ことは結局は同じことでも心に負担があまりかからなくて済みました。もちろん、体力的にもとても助かりました。

それでも処分し難かったのは、母が趣味で描いた絵画です。何枚かを選び、親類に形見分けをし、残りはマンションに入れられる量ではないので置いてくるほかありませんでした。そして写真アルバムは、すごい量でしたがとにかく段ボールに詰めてすべてを持ってきました。親の親の代まで写真があって、関係性のわからない人も写っており、選別する時間はとてもありませんでした。それに、私たちだけの判断で捨てていいものかもわからなかったのです。これはもう、親類に聞いたり、デジタル化したりとこれからゆっくり楽しんで取り組みたいと思っています。

母が亡くなった際に、母の物をある程度処分した時にも思ったことですが、こういった膨大な量の物を、娘の代に回さずに済んだことは本当によかったとつくづく感じました。自分たちの手でかたをつけることができた、それは引っ越しで得た大きなものだと思います。引っ越しでもしなければ、ずっと取っておけてしまいますものね。新居に〝入らない〟と物理的な制約を受けてようやく、減らすことができたわけです。

所有する物の量が以前の1割ほどになった今思うのは、「なんてラクなんだろう」ということ。意外と、手放して後悔しているものはひとつもないんです。今はマンションの部屋に入るだけの物量で落ち着いていますけれども、もしかしたらここにある物の中にも、なくても何とかなる物がたくさんあるのかもしれません。

ちなみにですが、服はほとんど減らせませんでした。昔痩《や》せていた頃に買ってサイズが合わなくなってしまったものや、出してみたら汚くなっていたようなものは処分しましたが、ほかの「着られる」と思う物はもったいなくて捨てられません。服は、どうしても、好きなんですね。

不用品は和室と母が使っていた部屋にどんどん入れていった。

いよいよお引っ越し当日

moving!

引っ越しの当日は、業者さんに荷物を運んでもらい、私たちは自家用車で仙台へ。到着して荷物を搬入したら、まだ新しく買ったベッドが来ていないので姉のところへ泊めてもらいました。ベッドはネットで注文したのですが、在庫がなくて遅れてしまったのです。届くまで、3日間ほど姉にはお世話になりました。近くだから昼間は自分たちの家に荷解《にと》きに行くことができて、とても助かりました。姉は、「もう近くに住むのだから布団はいらないね」と。これまで、一家4人で泊まる分だけの布団を持っていてくれたんですよね。

姉にはじめてセカンドライフの計画を話した時は、「本当に引っ越すの？　実家である秋田はどうなるの？」と心配していました。けれど今は、「いい決断だった。引っ越してきてよかったね」と言ってくれています。姉も猫を飼っているので、お互いに泊まりで旅行に

本はこれだけにしました。現在の収納に入る分だけ。

引っ越し直後。ダンボールの山。寝るところもありません。

行くような時はエサやりとトイレの世話をし合えるし。これまで姉が秋田に来る時はキャリーバッグで猫を新幹線に乗せていたのだけれど、そのような苦労もなくなりました。折に触れ、一緒に食事などすることもできます。

そしてようやくベッドが届き、いよいよマンションでの暮らしの始まりです。セカンドライフの本格スタート。とはいえ、引っ越し後しばらくは荷解きや、不足の物の買い出しで大わらわでした。カーテンが既成のサイズでは窓に合わず、オーダーして届くまで1カ月弱、リビングにカーテンがない状態だったり。寝室には、仮に寸足らずのものをつけていましたが、元が和室だったのでカーテンレールがなく、レールの買い出しと設置から。住んでみて初めて気が付くことは、たくさんありますね。

意外な苦労

moving!

猫を飼っているという話をしましたが、引っ越しのドタバタで何かあってはいけませんから、先んじて秋田でひとり暮らしを始めていた次女のところに、引っ越し当日に猫を預けました。

その際、キャリーケースに入れようとしたら抵抗して大暴れ！「ここで離してしまったら二度とつかまえられない」と思って必死に押さえましたら、見事に引っ掻かれて。何カ月も傷が消えないほどで、これは誤算の、〝流血の引っ越し〟になってしまいました。

引っ越しが済んで2週間後、今度は猫を引き取りに秋田に戻りました。仙台の家の中がひと段落したのと同時に、前の家の解体が行われるということで見届けに来たんですね。解体業者さんの仕事はとても丁寧で、外壁をほとんどすべて手作業ではがしてくれました。

音も静かですし、見ていてそれほどは心が痛みませんでした。近所の方も、「丁寧にやってくれるんだね」と言ってくれて。最後のところは重機を入れるのですが、これまでありがとう、という気持ちで見ていました。

さて、家を見届けたら娘のところで再び猫をキャリーバッグに入れなくてはなりません。今回もやはり大変でしたが、怪我などはせずに済みました。ところが今度は、車に乗せたらもう鳴きどおしで。いくらなんでもそのうち鳴きやむだろうと思いながら車を走らせていましたけれど、結局仙台に着くまで3時間鳴きっぱなし。これはもう、気が気ではないし、猫はかわいそうだし。

幸い、到着してキャリーバッグから出してみたら、すぐに部屋中を探検して、おびえる様子もなく落ち着いていました。トイレも失敗せず、食欲もあってひと安心。猫は家につくとよく言われるので心配していたのですが、そこは人間より早いんじゃないかというくらい順応力があってよかったです。

それにしても、片道3時間の行程を引っ越しのドタバタで行ったり来たり。無我夢中でやっていて、ｂｏｎはこの1カ月で痩せてしまいました。本人は気が張っていて気づいていないのだけれど、姉が心配するほどげっそりと。仕事をしていた時も、ハードになるとすぐに痩せてしまうような体質ということもあります。何をしても痩せないponからすると、ちょっとうらやましいところでもあります。

家を解体する様子。丁寧に少しずつやってくださいました。

猫はいいなあ。大忙しの引っ越しの最中にのんびり。

4章

部屋を整える

小さな暮らしに、ほどよくダウンサイジング

bonponの住

引っ越しに際して、小さいマンションの暮らしには大きすぎる家具や生活雑貨は買い替えました。例えばソファはL字型に並べる大きいタイプだったので、幅１５０センチのツーシーター（2人がけ）タイプ（楽天）に買い替えました。ベッドも以前はセミダブルに寝ていたのですが、シングルをふたつ（フランスベッド）に変えました。また、寝室に置こうと思った鏡台も大きすぎて入らないので、ちょうどいいサイズの中古品（メルカリ）を購入しました。

ほか家具では、リビングのパソコンデスクとしてサイドテーブル（楽天）を買いました。以前のパソコンデスクは、書斎に造り付けの大きな天板。仕事で使うつもりの場所だったので、資料や版下を広げられるだけの大きなスペースでした。今の環境ではリビングが狭くならないことがなにより大切で、プリンターさえ置ければいいと薄い奥行きのテーブル

を選びました。食器棚も、以前はやはり造り付けの棚だったので、新しく買うことに。ニトリのオンラインショップで今の台所にちょうどよい薄めのサイズを見つけ、店舗に実物を見に行ってから購入しました。

地方の大きな一軒家に住んでいると、中に入れる家具はなんでも大きくなりがちです。小さく住み替えるとなると、買い替えなくてはならないものがあれこれありますね。できれば、家具は実物を見て検討したいところです。けれど、本当に求めているような家具で手頃な価格、となると簡単には見つかりません。実店舗に足を運ぶにも時間と体力の限りがありますから、たくさんの物をネットで購入することになりました。ソファにしても、IKEA、ニトリ、大塚家具、東京インテリアなどいろいろな家具屋さんを巡った末に、どうしても見つからなくて結局楽天で購入しています。家で見られる商品の数、そして価格の面で、やはりネットは強いと感じます。

ただ、どうしたって現物を見て選べないというギャンブル的な要素がありますね。サイドテーブルが届いた時は、ダイニングセットにぴったりの色合いで大成功だと感じました。一方で、ソファセットは少し難航。ソファの座り心地や布地の質感などは、実際に確かめないで買うのはちょっと冒険かなと思いましたが、いくら実店舗を巡っても見つからなかったので仕方ありません。デザインがいくらよくても、高価格だったりするわけです。うちには猫がいますから、すぐに傷をつけられてしまうことを思うと、高い家具ではもったいないんですね。

そういうわけで、画像から大体の色と質感を予想してから、あたりをつけたソファをネット上の買い物かごへ。以前からよくネットを利用しているので、だいたいの感じを予想するのは慣れています。

さて、届いた時の感想は……。「ちょっとニュアンスは違ったけれど、なかなかいいソファだね！」。なにしろ安価であることが重要事項ですから、少しのニュアンスなど気にしません。座り心地もよく、ソファの買い物も成功と言えると思います。

問題があったのは、ソファの前に置くローテーブル。届いてみたら、ソファと全然色が合わなかったのです。明るすぎて、部屋から浮いている感じ。すぐに、リサイクルショップで売ってしまいました。再度探してみたところ、なんとソファと同じシリーズでちょうどよさそうなテーブルがあったんですね。買い直して、ひとごこち。これに関しては、もっと探してから買えばよかった、もったいないことをしたなと思っております。

そしてダウンサイジングは、家電にも。以前は重い掃除機を抱えて2階や屋根裏部屋へと上ったり下りたり、コンセントを差し替えたりと大変でした。猫の毛が舞うから、掃除機がけをさぼることもできませんしね。

それがこちらに来てコードレス掃除機の「マキタ」に変えたら、こんなにラクなのかとびっくり。掃除がほとんど苦にならなくなりました。

寝室。bonの私物入れとしても使用中のナイトテーブル(IKEA)。最初は丸いスツールをナイトテーブルにしていたのですが、低いし天板が小さいしで使いにくいので、ちゃんとしたものを購入。スツールは今や予備の椅子や脚立として活躍しています。

ボックスシーツやベッドカバー、ソファに付けたマルチカバーやクッションなどのファブリックはIKEAで購入。

パソコンとプリンターを置くためのサイドテーブル。
奥行きが浅いので、スペースをとりません。

寝室に置いたドレッサー。以前は大きな鏡台でしたが、コンパクトなものをネットで探して購入。ここで身だしなみを整えます。

収納も増やさない

bonponの住

こまごまとした生活用品は、引っ越してから毎日のようにIKEAやニトリへと買い物に行っていました。ひととおりそろうと、あとはもう「これ以上増やさなくていいな」と感じています。せっかく荷物を減らしてきたことを思うと、あまりもう増やしたくないなという気持ちが大きなところ。持っている家具と部屋に造り付けの小さな収納の中に収まるだけの物を持ってきたので、そこから溢れさせないようにしたいと思っています。

以前は、出窓にも植木や生活雑貨をいろいろ置いていたのですが、部屋が雑然として、掃除もしにくかったのです。今は物が少ないので、棚の上の掃除も簡単。簡単だから毎日、サッとクイックルワイパーハンディで拭《ぬぐ》うことができています。物が少ないと部屋がスッキリするというのは、掃除のしやすさも関わってくることなんですね。

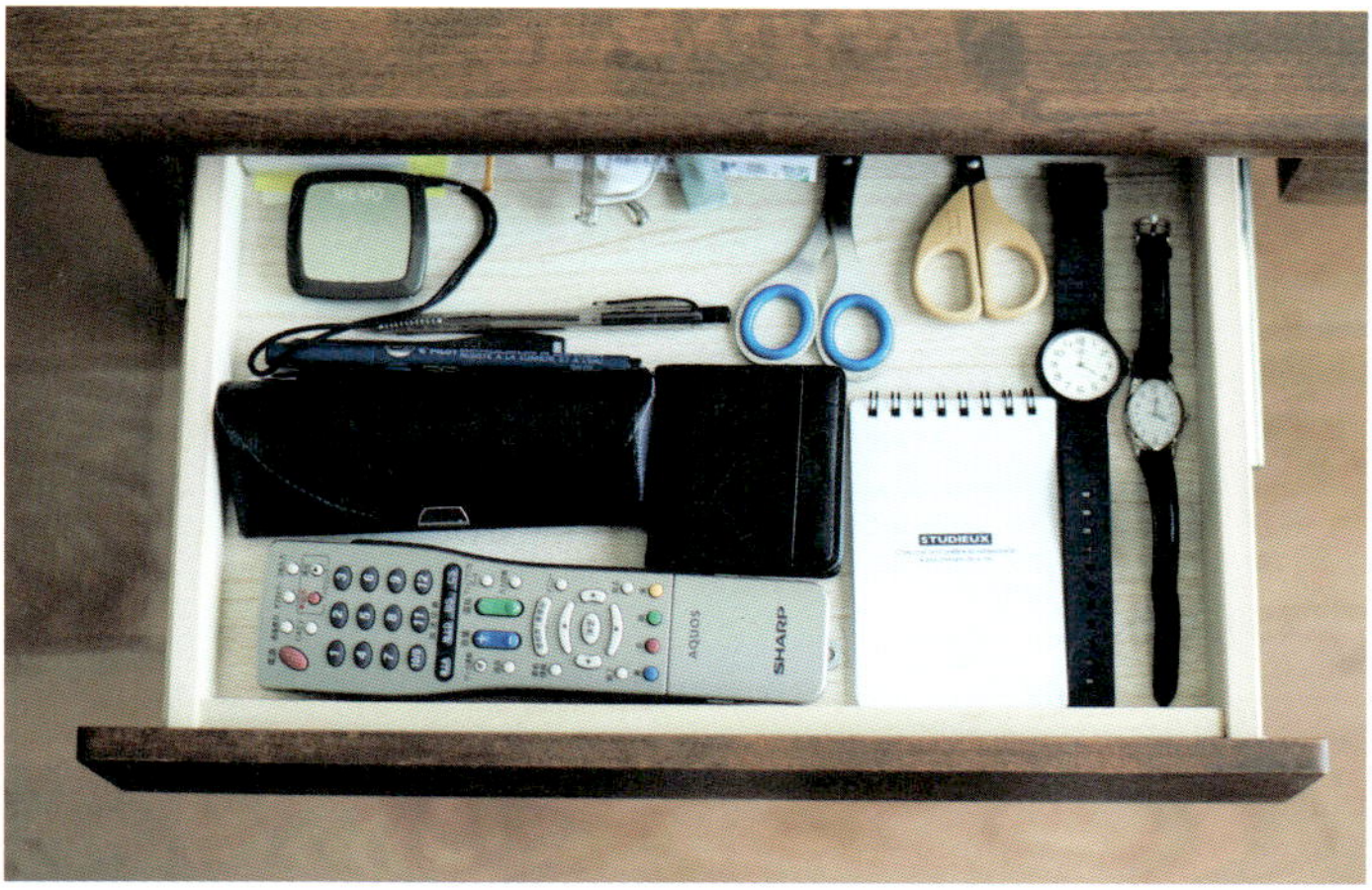

収納といえば、引き出し付きのソファテーブルはとても便利。中には小銭入れ、めがね、腕時計などを入れ、出かける用意がソファに座ってひととおりできる仕組みに。テレビのリモコンもここにしまえば出しっぱなしになりません。
引き出しの下には棚板もついていて、雑誌やカタログを置いておけます。

お気に入りは、引き続き使う

bonponの住

たくさんの家具を新調しましたが、気に入っているもの、大きさに問題のないものは持ってきて引き続き使っています。

ダイニングテーブルと椅子は、先代からもう40年以上使われてきた秋田木工のものです。今見ても古びた感じがせず、曲木《まげき》の椅子はクッションを敷かなくてもお尻が疲れません。わが家の食卓といえば、このテーブルと椅子です。

照明は、以前吹き抜けに長い鎖で吊るしていたシャンデリアを持ってきました。鎖を短くすればこちらでも使えると聞き、ダイニングの上と、居間、玄関の照明に引き続き使っています。とても気に入っていたので、こちらでも使うことができてよかった。マンションには合わないかなとも思ったのですが、違和感もなく部屋に調和してくれています。照明は、その空間の雰囲気にとても影響するものですね。

あれこれ処分をしたけれど、本当に気に入っていたものは持ってきているし、新たな家具の色調もそれらに合わせているので、部屋の印象は以前とさほど変わりません。秋田の家をスッキリとコンパクトにしたような感じで、居心地がよく、昔を懐かしんで寂しくなったりもしないんですよ。

ほかに、鏡の付いたチェスト、テレビ台、ボンボン時計も引き続き使っているものです。ちなみにこのボンボン時計は、アンティーク「風」なだけであって、こういうデザインの最近のものなんです。雰囲気が好きなのですけれど、ボンボン言う音はうるさいので止めてあります。

秋田木工のダイニングテーブルと椅子。丈夫で長持ち、40
年以上使っても古くなるどころか、ますます良い風合いに。

祭壇としても使っているチェスト。引き出しの中には文房具、薬、CD・DVDなど。

テレビ台にしているボード。中には書類関係、ponのアクセサリーなど。

秋田で使っていた照明をこちらでも使いたかったので持ってきました。マンションにもよく合います。

振り子に癒されるボンボン時計。

私たちの部屋づくり。色を合わせる

bonponの住

部屋を雑然とさせないために、棚の上にあまり物を置かないようにしています。それでも以前は扉のある収納に入れていたものが、オープンに置かれていたりもするので、生活感が出すぎないように、表に出ている雑貨や家具は色を合わせるようにと心掛けています。

例えば家具を落ち着いた色味の茶系で統一すると、本当はそれほど高い家具ではなくてもシックな印象でまとまってくれます。そしてその家具に調和するように、日用品もなるべくプラスチックなどではなく、木や布、ガラス、金属といった自然の素材のものを選んでいます。実は自然素材ではなかったとしても、マウスパッドやティッシュボックスなども茶系で家具になじむ色に。飾り棚に置いた文房具も、ペン立て、テープカッター、メモ帳セットを木目調の茶色いものにして。これらは百円均一で買ったものですけれど、色を合わせるだけでなんとなく落ち着きます。

リビングのゴミ箱も木目調にして色味を合わせて、分別できるようふたつ並べました（ニトリで購入）。秋田では「プラスチック」というゴミの区分がなかったので、ゴミ箱をふたつ並べるなんて初めての経験。ふたりで一生懸命ゴミの裏を見て、「これもプラなんだ！」とがんばって分別しています。いつでもゴミを出してよいマンションなので、溜まってくるとbonが袋をくくってマンションのゴミ置き場へと持っていきます。曜日を気にせずゴミを出せるルールもまた、初めて。本当に便利で、ありがたいシステムです。

真新しい環境の中、自分たち好みに、住みやすく家を作り上げていくのは楽しい作業です。コンセントやコードもごちゃごちゃ見えないように白で統一しようとか、話し合いながら揃えています。以前はコードが欲しいと思っても、どこかしらからオレンジ色のが出てきたりする。こだわろうとする以前に、先代の先代の物などなんでも出てくるわけですね。あれば、もったいないから使わないわけにいきません。新婚時代は東京でふたり暮らしもしていましたが、お金がなくて部屋づくりどころではありませんでした。だから今、初めてそれを楽しめているようなところがあるんですね。

元々、部屋は片付いていないと落ち着かない方で、視覚的にうるさくなく、きれいに整った部屋がいい。使ったらすぐしまっておきたいし、ゴミ箱が溜まってくると息苦しいような気持ちさえします。

引っ越してきた時、秋田で使っていたエアコンを業者さんに取り付けてもらったのですが、部屋の中の配管のホースがむき出しで、処理があまりきれいに見えるものではなくて。何とかできないかと、ホースカバーを見つけ出すまで1カ月くらいかかりました。あちらこちらのホームセンターを回って、業務用のコーナーでようやく発見したんですよ。

bonが頑張って見ばえ良く直してくれました。

せっかくの新しいふたりの家なので、できるだけ居心地がよくて、暮らしやすい空間にできたらと思っています。

茶系で統一すると、
落ち着いた雰囲気
になります。

洗面所は白で統一して清潔感を。

納戸部屋のキャビネットはニトリ、クローゼットはIKEAで。白で統一しています。仙台でも服を整理しながら減らそうと思っていましたが、やっぱり減らせませんでした。

玄関も白で。

靴箱に靴が入りきらないので、つっぱり棒を利用したり、1カ所に2足入れられるケースを置いたり。

コートや脱いだ服の一時置き用にラックを、楽天で購入。秋田では冬場、コートが雪で濡れてしまうことが多いので「コート掛けは必須」という頭がありました。仙台ではコートが濡れることも少ないでしょうが、クローゼットにしまう前に掛けて風を通せるので便利。

猫のお引っ越し

bonponの住

姉から「キャットタワーでも買ってください」と引っ越し祝いをいただき、お言葉に甘えて早速、楽天で購入しました。大きいものだけれど、姉のところに同じようなタワーがあるので置いた時の想像はつきました。

ソファの横にはまる寸法であること、部屋になじむ色であることに留意して探しました。

肝心な猫はというと、最初はなかなか乗ってくれませんでしたが、半年ほど経った頃から徐々にのぼってくれるように。

猫のお皿も新調。ごはんは入れっぱなしで、猫がお腹が空いたら食べています。

小さな暮らしの飾る楽しみ

bonponの住

結婚30周年の記念旅行で訪れた箱根で、彫刻の森美術館に行き、ピカソの鳩のアートポスターを買いました。秋田ではずっとしまいっぱなしになっていたのが、今ようやく日の目を見ています。

リフォームの時にピクチャーレールの取り付けをお願いしていたのは、本当によかった。以前、自分で取り付けたことがあったのですが、結構難しかったのです。

ピクチャーレールがあるおかげで、他にも好きなイラストレーターさんの絵を飾ったりして楽しんでいます。

また、棚に置かれた飾りは、ほとんどが招き猫です。30年ほど前から少しずつ買ってきて、今は大小含めて出しているのが7匹。昔ながらのデザインが好みで、〝招き猫の寺〟と呼ばれる東京の豪徳寺や、瀬戸の〝来る福招き猫まつり〟に出かけて買ってきたこともあります。縁起物だからということより、その姿がいいんですよね。またいいものに巡り合ったら、集めていきたいと思っています。

とはいえ出しておくものは、あまり増やさないようにとも思っています。ぬいぐるみも秋田の家では大量にあって、そのほとんどが屋根裏部屋に置いてありましたが、今は厳選して減らしたので、すべてのぬいぐるみをちゃんと飾ることができています。

家族の写真を入れた写真立ても、ピアノの上にたくさん並べていたのを、減らして今の棚に見合う分量に。ひとつひとつ、見て楽しめる量であることは大切だと実感しています。

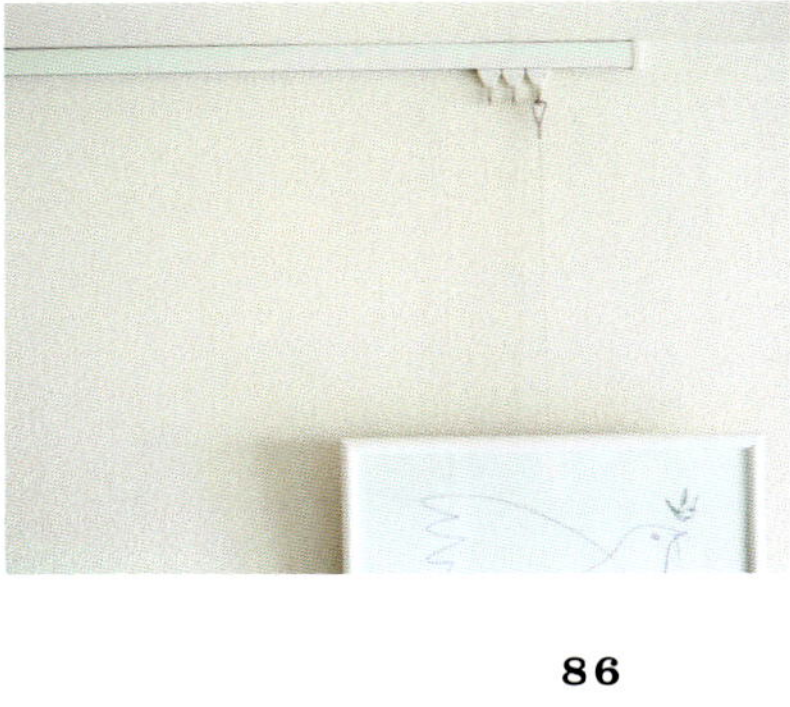

リフォームの際に
ピクチャーレール
を取り付けてもら
いました。

ぬいぐるみや家族写真はこの棚(リビングの造り付け収納)
に収まるだけ、と決めています。

生花は猫にかじられてしまうので、造花。青いガラス瓶が好きなので、それを飾るためのような面も。同じく観葉植物も、猫にかじられないようにイミテーション。緑がないのも寂しくて。

家にある招き猫たち。姿かたちが好きで集めています。

5章

おしゃれを楽しむ

白髪染めをやめたら、ファッションが変わった

bonponの衣

ponが白髪染めをやめたのは52歳の時でした。それまでは1カ月に2回ほど染めていて平気だったのに、更年期の体の変わり目だったのか、急にかぶれるようになってしまって。それはもう、毛が抜けるほどひどくて、皮膚科に行ったら毛染めが原因だと言われました。娘は「お母さん、白髪になるのはせめて60歳くらいになってからでいいんじゃない」と言ったのですが、かぶれてしまったものは仕方がありません。

でも白髪になってみたら、これはこれでなかなかいいじゃないと思いました。bonが若白髪で先に白かったので、自分が白髪になることにもあまり抵抗がなかったのかもしれません。今はシニア雑誌に白髪のモデルさんも出ているし、だんだん〝自然のままがいい〟という世の中になっていくような気もします。本当にラクだから、染めるのをやめようかなと悩んでいる人にはおすすめなんですよ。

ただ、白髪になったらやっぱり老《ふ》けて見えます。口紅もつけないで服にも構わなければ、本当におばあちゃんになってしまう……。それは男性もそうで、おしゃれしなかったらおじいちゃん！という感じになります。若作りをしようとは思わないけど、なるべく背筋を伸ばして、小ぎれいにしていないと、と思います。

それで困ったのは、白髪になると今までの服がどれも似合わないということ。これまでずっと、ふたりとも基本的に服装はトラッドが好みでした。とはいえ育児期はおしゃれどころではありませんから、Tシャツとジーンズでなりふり構わずでしたが。40、50代くらいになってくるとそういうラフな格好が似合わなくなってきて、体型を隠すためにチュニックを着てみたりもしました。でも、何かピンとこない。フルレングスのパンツも合わなくて……。白髪になったらとにかくどれもなんだか違う。迷走に次ぐ迷走です。

あれこれとしばらくやってみたのち、ある時娘のモードな服を借りてみたんですね。そうしたら、モノトーンの服が白髪にすごくしっくりきて。口紅を赤くしてみたら一気にモードになって、あらこれおもしろいじゃない、と。白髪はまだ早いと言っていた娘も、「こういう感じで合わせるなら白髪もいいじゃない」と言ってくれました。

とはいえモード系の服は全く持っていなかったので、最初はコム・デ・ギャルソンやワイズの服をネットオークションで競《せ》り落としたりしました。安い5000円以下の服ばかりを狙って。

髪型もモード系に合うように、ベリーショートにしたり、マッシュルームカットにしたりといろいろやってみるようになりました。今のこの髪の毛は、自分で切っているんですよ。昔から美容院代を節約するために自分でカットしていました。

モード系の服装で真っ赤な口紅で、なんて目立つようだけど、本当は引っ込み思案で目立つ格好をする性格ではないんです。ただ、もうこの歳になって何を気にすることがあるのかなって。もういいじゃない、楽しもう！　と思いました。白髪になって新しいおしゃれを楽しめるようになったし。年をとったから楽しめることが、あるんですね。

リンクコーデのきっかけ

bonponの衣

モード系の服を貸してくれた次女は、ファッションが大好きです。ZARAでモードっぽいものを見つけたり、古着屋で中古のブランド物を買ったりしています。一緒に買い物に出かけて、娘に「似合うのはこっち」なんてアドバイスをすることもあります。同じ家に住んでいた頃は朝「どっちがいいと思う?」と聞かれたら選んであげて。お互いに服の貸し借りをすることもありました。

5年ほど前でしたか、一緒に出かける時にお父さんだけ雰囲気が全然違うものだから、「色くらい合わせようよ」と娘に言われたんです。そのうち、「ハット買ってあげる」「シェーバー買ってあげるからひげを生《は》やして」といろいろプレゼントされて。もうちょっとカッコよくなってほしい、娘と並んだ時に雰囲気が合うようになってほしいという、パパ改造計画だったんですね。妻からあれこれ言われたら拒否することでも、娘から言われると父親は乗り気になってしまうもの。いつもカジュアルな格好だったから、帽子なんてかぶるのはちょっと気恥ずかしいのですが、県外に遊びに行くなら周りは知らない人ばかりだからいいやって。

そんなきっかけから、3人で出かける時はどこかしら同じ色を取り入れたり、柄をリンクさせたりして、雰囲気を合わせるようになりました。私たちのリンクコーデのプロデューサーは、娘だったのです。ただ出かけるだけでも楽しいけれど、もうひとつお楽しみが加わった感じ。出かける前の服の相談も、実際に着て歩くのも、私たちもおもしろがってやっていました。

ある時、インスタグラムをやっていた娘が出先での私たちふたりの写真をアップしたんです。それに意外にも、たくさんの「いいね」がいただけて。こんなに反応がいいなら、ふたりのアカウントをつくってインスタを始めてみたら？　と娘にすすめられてやってみることにしました。アカウント名は「bonpon511」。私たちの昔のニックネームと、結婚記念日の5月11日を組み合わせてつけてみました。今となっては、思いもよらないほど多くの方に見ていただけて、人生何が起こるか本当にわからないものだなと、とても驚いています。

インスタではふたりの記録として、その日のコーディネートや出かけた先のことなどを写真に撮って投稿していますが、もしこれがまるっきりのペアルックの写真であったら、それはちょっと恥ずかしくてできません。若い頃はやってましたよ、ボートハウスとか、おそろいのロゴが入っているトレーナーをふたりで着て。周りがみんな、そういう時代でしたから。

今ペアルックをするつもりはないけれど、持っている服の中で柄や色をそろえるくらいならできる。手持ちの服で、合わせやすそうなのを着ているだけなんです。まるっきり同じ服はないから、ボーダーだったらせめて同じ色にすればなんとなく合うかなとか、ボーダー同士だけど太さが違うとか、同じ色合いのチェックだけど大きさが違うとか。おそろいになりきらないところがちょうどいい。ponが赤い服を着たら、bonはちょっと靴下で赤を入れたり。まさか赤いパンツを履《は》くわけにいかないし、赤いシャツもちょっと恥ずかしい。でも靴下ぐらいなら、と。ひとりでいれば目立たないような、とてもベーシックな格好であることが前提なんです。

それでも、靴下に赤を入れるのだって、会社員時代にはできなかったこと。退職したのだからもっともっとオープンに、といろいろなコーディネートを楽しんでいる最中です。

3人でリンクコーデしてみました。

こんなふうに コーデを 決めています

bonponの衣

ponが「こんな感じにするよ」と先に服を決めるのを見て、bonが持っている中から合いそうな服を持ってきます。「リネンの素材でシャツがリンク」とか、「紺でいくなら僕はザクッとしたジーパンを履こう」とか。どこかがちょっとおそろいだと、それだけで出かける楽しさが増しますしね。若い頃の、結婚前のウキウキ感がちょっと戻ってくるような。

服を買う時は、とくにリンクを気にしません。「相手に着てほしい」と買うこともあるし、bonが「紺のジャケットがほしいな」と言うと、ponがネットであれこれ探すこともあります。おそろいにするつもりで買うことはほとんどなくて、とにかく持っている中でリンクするものを選んで着ています。

ちなみに、bonが選んだコーディネートの3回に1回はponからダメ出し。「もっとこういう方が合うんじゃない」のアドバイスで、選び直しです。逆からのダメ出しは、ないんですね（笑）。

全然出かける予定のない時は部屋着で1日過ごしてしまいますが、ちょっと買い物に出るような時は何かしらを合わせて服を選びます。インスタの撮影をしなくても、ちょっとどこかをリンクコーデ。着替えの時の習慣になっているんですね。

インスタの撮影に出かけようという日は、「今日はイベントがあるから行ってみようか」とか、「このあいだは北に行ったから、今日は南方向でどこか行ってみよう」などと着替える前に話します。もしそれが美術館なら、モノトーンなどのきれいめにしてみたり。公園ならカジュアル度を強くしたり。ちょっとロケーションを考えます。

時折、「彼がリンクコーデにつき合ってくれません」なんていう相談を受けるのですが、マフラーくらいから始めてみてはいかがでしょう。服だったら、ジャケットの下にチラリと見える程度だったらできるかも。先に着替えた彼の服装に、彼女が後から合わせてコーディネートしちゃうっていうのも手ですね（笑）。相手におしゃれにつき合ってほしい時は、とにかく褒めることだと思います。一緒に買い物に行って、「とっても似合うね」と褒めたらいいんだと思います。

リンクコーデのつくり方

カジュアル編

カジュアル・リンクコーデ 完成！

リンクコーデのつくり方

きれいめ編

きれいめリンクコーデの完成！

やっぱりトラッドが好き

bonpon の衣

育児期はTシャツを着て走り回っていましたが、着こなせるのは若さの特権ですね。大人になると、シャツやジャケットなどきちんとしたトラッドスタイルがしっくりくるように思います。ロゴやイラスト入りのTシャツはかえって老けさせて見えたり、雰囲気がちょっとゆるくなりがち。似合う方ももちろんいらっしゃいますが、私たちにはフィットしないのです。

唯一ボーダーは着方によってはカジュアルすぎず、年齢を選ばず可愛いので、ふたりで愛用しています。

年をとったら、きちんと感のある服が映《は》えると思います。むしろ、若いうちはしっくりこなかったロング丈のトラッドなコートなども似合うようになりました。若い頃から慣れ親しんだトラッドに戻ってきて、改めてファッションを楽しんでいるところです。

大好きなタータンチェック「ブラックウォッチ」のリンクコーデ。bonのダッフルコートはヤフオクで買った古着。3500円。J.PRESSのもの。良い買い物でした。ponのパンツは楽天で購入(soulberry)

もう20年も着ているノルディックセーター。タータンチェックのキルトスカートを合わせて。どちらも古着屋で買ったお気に入り。

上のコーデにダッフルコートを羽織って。大好きなトラッドコーデ。

おそろいの色違いマフラーをして。次女からの贈り物です。

わたしたちのクローゼット

bonponの衣

好みがハッキリしているので、欲しい服には自然と目が行きます。クローゼットの中の色は、「モノトーン」「赤」「青」。頭も肌も白っぽいし、口紅は赤いから、この3つが一番しっくりくるのかな。何より、とにかくふたりともこの色味が好きなんですね。黄色やピンクはどうも似合わないから、全く持っていません。

柄で言えば、選ぶのはギンガムチェックやドットやボーダー。好みの柄にはパッと目が行くので、お店にあるどんなに大量の服の中からでもラクに絞って買えている気がします。

そしてponの場合、サイズを選びます。丸襟の白いブラウスが欲しかった時に、ギャルソンのは可愛いけれど高いし、サイズもないし……。あれこれと探しながら、ふと「そういえばこんな学生服ってある」と気づいた時は嬉しかった！　学生服なら、サイズが豊富で、洗濯しやすくて、アイロンがいらなくて、丈夫なんです。値段も安くて、1枚1900円! この作戦はほかの服でも応用できて、手の届かないハイブランドの可愛い服をじっくり観察して、似たデザインの安い服を探すんです。

一方bonは、仕事をしていた時の習性が残っているせいか、何かとジャケットが着たくなります。たとえば水色ギンガムチェックのシャツの時は、それだけだと可愛すぎるけれど、ジャケットを羽織ればOK。ジャケットさえ着れば、なんとでもなる。そんなわけで持ち服ではジャケットの比率がとても高いんですね。

ちなみに、アイロンがけが好きではないのでアイロンは持っていません。アイロン要らずのシャツしか、買わないようにしています。

寝室のクローゼット。オンシーズンのものを。黒、白、赤、青。時々グレー。色・柄の好みがはっきりしている。赤もボルドー系やピンク系ではなく、この赤が好き。

納戸部屋のクローゼット。こちらにはオフシーズンのものを。右がpon、左がbonのもの。bonはジャケットが好きなので自然と多くなる。

洋服は1着5000円以下と決めています

bonponの衣

まだあまり一般家庭にパソコンが浸透していなかった頃から、bonの仕事上、家にはMacがありました。結局、bonは仕事が忙しくてponが使うことが多かったせいで、ponは年齢の割にとてもデジタルに強いんです。ネットでの買い物も、得意な方じゃないかと思います。

よく活用するのは「ヤフオク！」。ブランド物をそのまま新品では高くて買えませんから、オークションで5000円以下のモノを見つけて買うわけです。ただ、届いてみたら思ったより古いとか、個人で測り方が違うのかサイズが合わないといったリスクはありますね。返品もできません。すごく安くなっているということは、かなり古いものということですしね。それでも、掘り出し物を見つけた時のうれしさったらありません。

またよく使うのが「楽天」「ZOZOTOWN」。服の量が膨大なので、例えば「ワンピース」「安い順」「身幅指定」で絞ります。種類や色はもちろん、着丈も身幅もすべて詳細検索できるので、細かく指定していくと見つけやすいですよ。オークションと違って新品はサイズ通りのものが届くし、思ったものと違えば返品ができるから安心です。あちこち見比べて、決めたらサッと買ってしまいます。「こういうモノが欲しい」と狙いを定めて探し、見合ったものの値段とサイズが合えばＯＫ。

洋服って、高くていいものはいっぱいありますね。でも年金暮らしの今、大切なのは安いこと。お金をかけなくても、「衣」を充実させることはできると思います。ワンシーズンいくらという目安は特に作っておらず、買うのは1着５０００円以下のものと決めて、好みのアイテムを見つけた時やセールの時に買っています。

ちょっと困るのは、買うけど、減らせないこと。今、納戸部屋は服でいっぱいです。まだ着られると思うと、もったいなくて手放せません。いつなんどき、どんなアレンジに使えるかと思うとね。持っている服ほとんどが、いつか着たい服なんですね。

お気に入りの服たち *pon*

SM2のガンクラブチェックのワンピース。ZOZOTOWNのバーゲンで購入。その後bonは同じ柄のシャツを見つけ、リンクコーデによく使っています。

赤のワンピース。この赤色がなかなかないんです。これは楽天で2775円で購入。

夏に大活躍する青のギンガムチェック・セットアップ。上下別々に着て青い無地のカーデやスカートと合わせたり、ワンピースふうに着たり。コーデの幅が広がります。

愛用の学生用丸襟ブラウス。サイズが豊富で値段もお手頃、耐久性がありアイロン不要、といいことづくめ。カーデやワンピースと合わせて、1枚では着ないのがコツ。楽天で購入。

ユニクロで購入。ponにしてはめずらしいプリント柄。とても気に入ったので、色違いも持っています。

ストライプのスカート。スーパー内のお店で50%オフで1900円くらいで買いました。

水玉のスカート。ドット柄もお気に入り。楽天で3900円で購入。

ponが同じガンクラブチェック柄のワンピースを購入後に、偶然ユニクロで見つけました。チェックの柄が少し小さい。

ジャケットが好きです。これはZOZOTOWNのセールでAZULのもの。

ツートンのジャケット。ジャージー素材なのでラクちん。

リンクコーデはマフラーから

次女がクリスマスの時にプレゼントしてくれた色違いのおそろいのマフラー。

リンクコーデはまずはストールやマフラーからはじめると入りやすいです。チェックならリンクもしやすい。

これはponのドット柄ストール。コーデのポイントによく使います。

靴下と靴の選びかた

bonponの衣

靴下は、赤・青・黒の3色のみ。服がぼやけてしまうと思って、中間色は持っていません。ｂｏｎはこれに加えてグレーも所持していますけれども。

だいたい3足１０００円で買いますが、いい色味のものを見つけるのには難儀しています。赤でも最近はボルドー系が主流で、鮮やかで明るい赤となるとなかなかない。「これ！」という色を見つけた時は即買いしています。

メンズはさらに少ないので、ネットで買うことが多いですね。ちょっとしたアクセントで色を楽しめるカラーソックスは、男性にもおすすめです。

靴はふたりとも、黒と白です。茶色は服の系統と合わないので、この2色のみ。

ｐｏｎの靴はどれも合皮で、３０００円以下の靴ばかり。素材はそれほどよいものでなくても、履き心地がよくてデザインが気に入ればそれでいいと思っています。

よく買うのは楽天で、「レースアップ　黒」などと検索をして、安い順で並べて選びます。ｐｏｎの足は24センチのごくごく普通の形状なので、ネットで買っても足に合わなかったという失敗はありません。

甲高幅広のｂｏｎはそうはいかず、実店舗で試し履きが必須です。プレーンでシンプルな革の紐靴が好きで、２万円以下で、という感じですね。

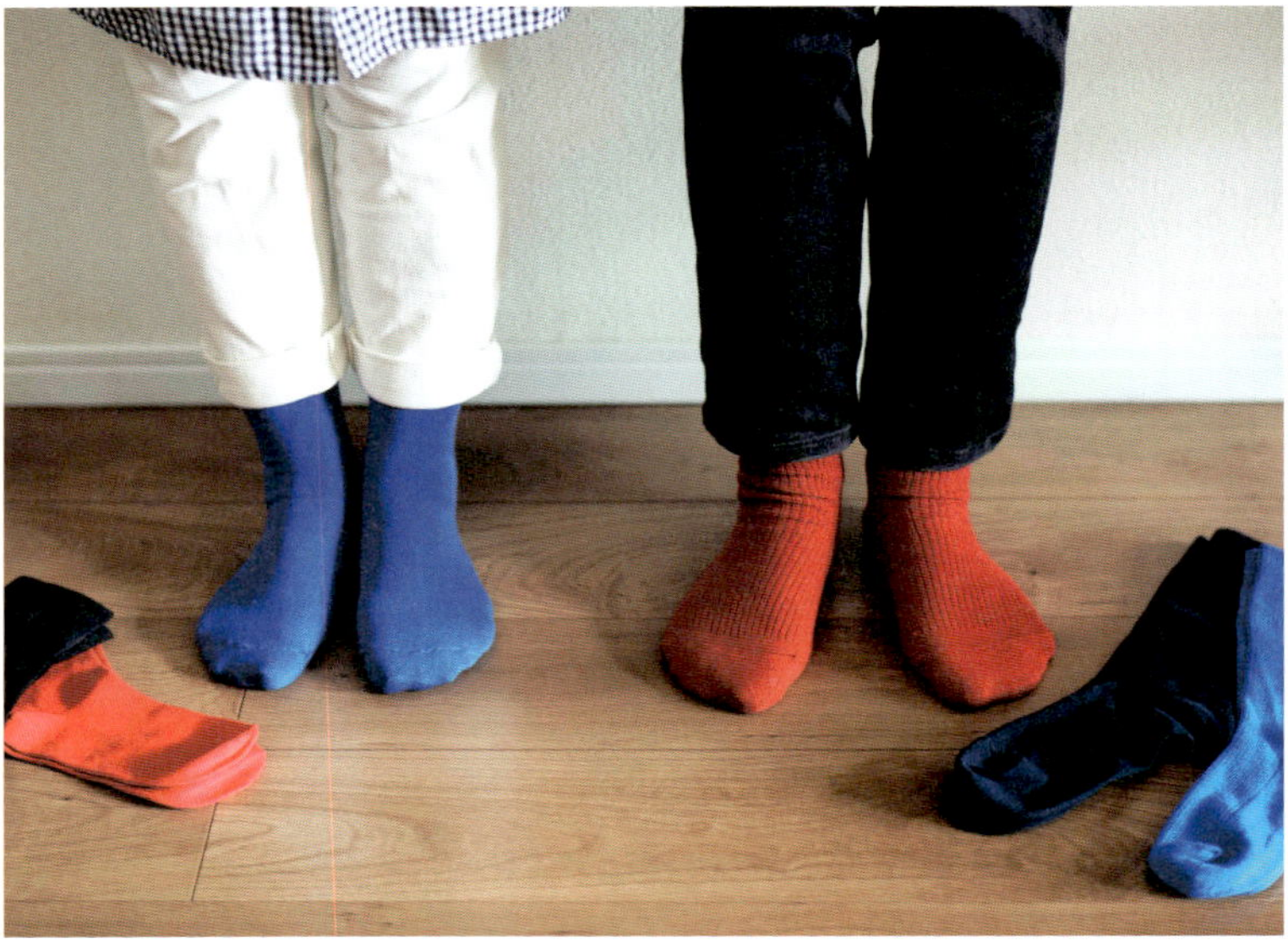

向かって右半分3足はbon、左3足はponの靴。手前の白いシューズから左回りに。pon／白いスニーカー。楽天で2300円くらいで購入。黒いスリッポンシューズ。楽天で3700円くらい。黒のレースアップシューズ。楽天で2900円くらい。bon／白のレザースニーカー。黒のスエードの紐靴。黒の革紐靴。やわらかくてはきやすい。

バッグであそぶ

bonpon の 衣

トートバッグは春夏に活躍します。靴下とトートを同じ色にして、差し色にすることが多いです。

ドットのサイズが大きくなると、小さい水玉よりもはでやかで目をひきますね。

冬場に活躍するのは、トートよりもコートに合う合皮の黒いバッグです。

ドット青／どこかの雑貨屋さんで、赤／DEAN&DELUCA、ドット赤、ドット黒／マリメッコ

ようやく見つけたメガネのこと

bonponの衣

ponのメガネは「アンヴァレリーアッシュ」のもの。黒ぶちのセルで似合うものを散々探しました。というのもずっと目がよかったので、顔がメガネ向きに成長していないんですよ。似合う形がなかなかなくて、いろいろなお店でたくさん試着してようやく見つけました。この黒ぶちでこの形が、白髪のマッシュルームカットと赤い口紅と相性がいい気がしています。ちなみに家でちょっと使うような老眼鏡は100円均一のもの。

一方bonは高校生の時からメガネをかけていてメガネ顔です。どんなメガネでも、似合います。今かけているのは「MASUNAGA」のもの。

頼りになる、ユニクロさん

bonponの衣

服が大好きだけれど、値段が高いのは買えません。そんな私たちにとってユニクロはありがたい存在。デザイナーとのコラボ商品があったり、店舗数もサイズ展開も多くて、本当に便利です。ずっと愛用してきたので、ユニクロのホームページ内にある「Today's Pick Up」に取り上げていただけたことは嬉しく思いました。

ユニクロの服の買い物は、まずネットで新商品をチェックしてからのことが多いです。気になったものを「お気に入り」に入れておき、実店舗で試着して購入します。試着せずにネットで買う時は、ワイドパンツならponの場合〝ふくらはぎの真ん中くらいの丈〟に直してもらっています。フルレングスだと、どうも似合わなくて。それにしても股下補正をしてくれるのはありがたいことですね。昔だったらお店で採寸して、後日わざわざ取りに行っていたんですものね。

ユニクロで選ぶのは、本当に普通のベーシックなものばかりだけれども、毎年、流行によってデザインがちょっと変わります。同じボーダーでも細身になったり丈が短くなったり。毎年自分好みのデザインや色合いがあるとも限らないので、「これだ！」を見つけた時に買っています。よくインスタのフォロワーの方から「私も同じ服がほしいからユニクロに買いに行きます」というコメントをいただくのですが、ああ今年はこれは売っていない！　ということが多々。そんな時は申し訳なく思います……。

そして、ユニクロでも値の張るジャケットやコートは「いいなあ！」と思っても値が下がるのを待ってしまう私たち。絶対に買わなきゃいけないという感覚はないので、買い逃したら「まあいいか」と。値段が下がってもまだ残っていたら、「やったあ」と思いながら買っています。

ほかのプチプラブランドで言うと、しまむらは大きいサイズもあるので、時々チェックしていました。無印良品は生地がよさそうですね。でも最近はどんどんユニクロの生地もいいものが出ていますしね、やっぱり頼りにしています。

すっぴん、湯シャン、おしゃれの引き算

bonpon の衣

顔に何かを塗るのが昔から苦手で、ponは洗顔後に何もつけません。化粧水も乳液も、ファンデーションも塗りません。お化粧はひとつ、口紅だけです。そうしたら、肌荒れがなくなったんですよ。洗顔に使っているのは「マジックソープ」。これは顔も体も髪の毛も一本で洗えて万能なんです。オーガニックで肌に優しいせいなのか、洗顔後に何のケアもしなくてもつっぱりません。もっとも、人によって肌質が違うので、あくまでponの場合は、ですが。マジックソープは洗髪にも使えますが、使っているのはbonだけで、ponはお湯で洗う「湯シャン」派です。十分汚れは落ちるし、抜け毛が少なくなったと思います。洗髪後には「ゆず油」（椿油でもよい）を数滴なじませています。

カットも自分でやっています。美容院に行くと、お金が高いし時間も取られるでしょう。

しかもだいたい仕上がりに納得できなくて、家に帰ってから自分で切り直す羽目になるんです。それならもう、最初から自分で切った方がいいやと。これは若い頃からで、もうずっと30年くらい自分で切っているのかな。今の髪型では、前髪が1週間に1度、ドレッサーの前でちょちょっと切って、後ろは1カ月に1度くらいお風呂場で入浴前に、合わせ鏡にして切っています。おかっぱにも憧れているのだけど、くせ毛なので小雨でもかかると揚げ焼きそばのように縮れてしまうんです。結局、今の髪型が一番ラクみたい。娘の髪も、ずっと切ってきました。bonは絶対嫌だと言って切らせてくれませんけどね。

こうしてみると、美容にお金を使っていませんね。基礎化粧品はゼロだし、メイク用品も口紅ぐらいのものです。その口紅も、ネットなどで、安くて送料無料のものを選んでいます。なかなかきれいな赤がなくて、手元に届いてみたらローズがかっていたり、オレンジがかっていたりと失敗もあります。ようやく気に入ったのを見つけてもすぐ廃番になってしまって、口紅はよく探しまわる羽目に陥っています。

あとは美容といったら、シミ対策にサプリメント（Lシスティン）を飲むようにしていることくらいでしょうか。日射しの強い時には、自然派の日焼け止めを塗るようにもしています。顔に何かつけるのは好きではないけれど、これは美白のためには仕方ないですね。

洗顔に使っている
「マジックソープ」。

愛用の口紅。向かって右は韓
国コスメ、左はM・A・Cのもの。
この赤が好きで、スマホケース
もこの色に。

お手本は「アルネ」

bonpon の 衣

おしゃれの哲学を持っているわけではありませんが、かわいいおばあちゃんになりたい、かわいいおばあちゃんになってほしいというのはお互いあります。ponにとって、憧れはイラストレーターでありデザイナーでもある大橋歩さんで、一番自分らしい気がするんです。体型も年代も選ばず、ずっと着られる服。ギャルソンもそうです。ヒールの靴ではなくて、おじさん靴みたいなのが合う感じ。

私の今のコーデは大橋さんの「a.（エードット）」というブランドがお手本です。大橋さんが出している雑誌『大人のおしゃれ』に掲載されている「a.」のお洋服たちを見ているだけで、「いいなあ」と。モデルのもたいまさこさんも、かわいく着ていらっしゃいます。ディテールがおもしろくて、かわいくて。このセンスがどんぴしゃ。大橋さんが『平凡パンチ』の表紙を描かれていた頃から、素敵だなと憧れていました。自分の好みの服がなかなか売っていないから作っちゃおう、というのがすごいですよね。自分でも製図パターンが引けて、裁縫ができたらいいのになと思います。

大好きな「a.」の服ですが、私にはやっぱり高くて買えないので、手持ちの服で雰囲気だけ真似させていただいています。

ふたりのマグカップは大橋さんデザインのもの。大のお気に入りです。

服も雑貨も、お気に入りなら気分が違います。

6章

食もシンプルに

ふたりで買い物散歩

bonponの食

お散歩がてら、近所のスーパーで買い物をしています。いいえ、買い物がてら、お散歩していると言った方が合っているかも。

本当は、新しい生活になったら朝、早起きをしてウォーキングをしたいと思っていたのですが、夜型の生活が全然直らなくて実行できないままでいます。

でも、買物がてらなら、歩くいいきっかけになりますね。いつも、ふたりで出かけるようにしています。

買い物をする時は、野菜なら駅前の八百屋さんが安い、肉ならこっちのスーパーがいいと見比べながら。仙台は秋田より物価が高いのかもと思っていたらそんなこともなくて。秋田でもスーパーに車で買い出しに行っていましたから、こちらで同じようなスーパーに行ってもさほど変わらないものですね。

今の私たちにとって、食料品を買う時は、値段が一番重要なことです。国産とか、無添加とか、実はあまり気にしません。食パンはスーパーで一番安いものを買ったりします。食べる物のこだわりと言えば、ご飯は玄米を食べているし、マーガリンではなくバターを使うようにしていることぐらい。それ以外のこだわりはあまりないんですね。

子どもが家にいれば、食品添加物も気にすると思いますが、もうふたりとも60歳をすぎているので、あまり気にすることもなく……。

食べ物は安くておいしければそれが一番、と思っています。

近所のカフェの店先に地元野菜の直売所があります。

1日2食、適当ごはん

bonponの食

秋田にいた頃はごはんも作り甲斐がありました。母が好むものを考えたり、娘のリクエストに応えたり。娘は成長して大人になってくると、「パンは全粒粉がいい」「ジャムはここのが美味しい」なんて言い出して、ちゃんと食に興味をもってアンテナ張ってるんだなと思ったものです。

それにしてもそのリクエストの内容は結構すごくて、「カオマンガイを作って」なんて、それは一体何!? という感じでした。「桃の冷製パスタを作って」ということもありました。作ると娘はインスタグラムに投稿していましたよ。お正月のおせちも、私が作ったものを娘がきれいに盛りつけ、小物をレイアウトしたりしていました。

お料理は、もともと一番好きな家事でした。まだ新米主婦だったころは新聞のレシピを切り抜いて、スクラップ帳を作ったり。でもだんだん、「毎日」「絶対」「やらなきゃいけない」と義務になってきますから。気が重い時もありますよね。今ではすっかり義務から解放されて、気が抜けちゃって、料理をちゃんと作る気が起きないんです。

ふたり暮らしになってからのごはんは、「遅めの朝食」と「早めの夕食」の1日2食。朝食は毎日同じで、トースト、野菜、ハムと卵。夕食はごくごく簡単なもの。玄米ごはんに野菜炒めとおみそ汁くらいのものです。

時には買い物に行きがてら、フードコートで済ませたり、お総菜を買ってきたり。秋田にいた頃は揚げ物なんかもしていたけれど、今は大変なメニューは外食でいいんじゃない、と思うようになりました。娘が遊びに来た時は、娘の好物を作ったりもしますけれど。

こんなふうに毎日の食事を簡単に、負担なくやっていけるのは、bonが「なんでもいいよ」の人だからです。もしも、毎食しっかり手作りじゃなければいやだという夫であれば、そうはいきません。

私たちは若い時にとても貧しかったので、「おいしく食べられるならなんでもいいじゃない」という気持ちが根底にあるのだと思います。昔はインスタントラーメンにレタスを入れただけの食事、なんていう時もありました。銭湯に行くお金がなくて、沸かしたお湯で体を拭いていた時だってありました。だから今の生活は、天国みたいなものなんです。

もちろん、ずっとこのまま「適当な食」でいくつもりもないのだけれど、もう少し、しばらくはこのまま、簡単に、負担なく。そのうち、また料理を作りたくなってくるのを待とうと思っています。

それにｂｏｎも、料理を覚えたいと思っているんですよ。妻が出かけたり、風邪をひいて寝込んだりしてもちゃんとご飯を作れるように。以前も鍋料理くらいは作っていましたが、料理といえるほどではありませんしね。まずはカレーを作ってみようかな？　どんなスパイスが必要かな？　……なんて言っていますが、男の人が突然料理に凝りだしたりすると、かえって迷惑だったりしますよね（笑）。

トーストは、8枚切りのものを2枚ずつ、片方はハム、野菜、チーズ+黒コショウなどのしょっぱい系、片方はバターとジャムの甘い系に。お祈りをしてから、食べています。

鍋は4つに、食器は10分の1に減らしました

bonponの食

家族が多かった頃は鍋料理もよくしましたが、ふたりだけでとなるとどれだけ量を入れたらいいのか見当がつきません。大きい土鍋も、ホットプレートも引っ越しで処分しました。お好み焼きならフライパンで焼けばいいよね、焼肉は外食すればいいよねって思います。

ふたり分の簡単な食事を作るだけなら、鍋類はフライパン1、浅鍋1、深鍋1、蒸し器1の合計4個で十分。以前はフライパンだけで3個、その他の鍋も大小いくつも所持していましたが。

今のキッチンは狭いので、食器も10分の1に減らしました。秋田の家では台所のスペースも大きく、造り付けの食器棚があって、そこにぎっしり食器がつまっていました。来客用、季節用、贈答品、母の時代からのもの……。今は娘が来ることも考えて、各4枚セッ

トで所持しています。今のコンパクトな台所の食器棚に入るものだけ、と決めています。キッチン家電もたくさんは置けませんから、温める機能だけの小さな電子レンジとコーヒーメーカーのみに。パンを焼いていたオーブントースターは手放しました。

朝食のパンはトースターではなく魚焼き用のグリルで焼いています。外カリカリ、中フワフワで美味しく焼けますよ。不思議と魚の匂いもつかないのです。総菜売り場で買ってきたコロッケだって、サクッとなります。

家電ではありませんが、台所の水切りかごも、以前よりずっと小さいものに買い替えました。

ｏｖｅｒ60のふたり暮らしにはモノはそんなに必要ありません。持ち物が減ると気持ちもすっきりしますね。

10分の1に減らした食器たち。お気に入りのみを4客ずつ選んで持ってきました。秋田で使っていた食器棚は造り付けだったので、新たにニトリで購入しました。白いものを選んで。

鍋は4つに減らしました。手前の蒸し器は重宝しています。ふたり暮らしにはこれで十分。

魚焼き用のグリルで朝食のトーストを焼いています。一度に焼けていい。

7章

まいにち こんなふうに 暮らしています

家事はふたりで

bonponの日々

セカンドライフで最も実感している幸せのひとつは、掃除がラクになったということです。以前はフロアが屋根裏部屋を含めて3層もあって、階段の段数もたくさん。カーペットを敷いた場所もあれば、物をたくさんのせている出窓やカウンターもあって、掃除がとにかく面倒で大変だったのです。今は、全面がフローリングの小さいワンフロア。ちょっと手を掛けたとしても、掃除はあっという間に終わります。

掃除の負担は、面積が小さいというだけでなく、ふたりでやっているから軽くなったという面も。毎朝bonがチェストや椅子のホコリをモップで取り、その後ponがコードレス掃除機で床を吸っていきます。その後を追うように、またもbonがウェットワイパーで水拭き。猫のよだれの跡は、念入りに雑巾でこすり落とします。

退職し、家の中でふたりで過ごす時間が長いからこそ、毎日掃除をしていつもきれいにしておきたいと思っています。何はともあれ部屋が整って清潔であれば、落ち着いてゆったりと過ごせますものね。

掃除をふたりでしているのは、新しい暮らしを始めるにあたり、「片方だけが働いて片方はぐうたらしている」というようなことはやめようと、そういう意思が働いています。ふたりで暮らす家だから、ふたりで掃除をしましょうと。とくに改まった話し合いをしたわけではないのですが、「やろうね」「うん」といった感じでずっと続いています。

家事は、私たちのように一緒にでも、分業制で「私は掃除、あなたは料理」というのでも、なんでもいいから住んでいる人が関わってみんなでやった方がいいと思います。とくに退職した夫が、それまでと同じように家事を全く受け持たないと、奥さんの精神衛生上よろしくないというだけでなく、相手が寝込んでしまったりした場合に何もできずに困ってしまうと思うのです。ｂｏｎも会社員時代は平日の家事をｐｏｎに任せてきましたが、今は洗濯物の干し方などを見て、「そうやるのか、なるほど」と感心しながら習っているような最中です。いざという時に、困らないようにという気持ちが強いんですね。

そして食器などの洗い物に関しては、会社員時代からｂｏｎの役割でした。4年くらい前のことだったか、ｐｏｎの手がひどくかぶれて洗剤を触《さわ》れないようになってしまったのです。皮膚科で「金属アレルギーだから歯の詰め物を変えたほうがいい」と言われて、仕方がないので歯の詰め物をすべてセラミックに替えました。それからは落ち着いているのですが、洗剤はまだ触らない方がよいということで洗い物はｂｏｎにおまかせ。洗い物というのは、水遊びだと思えば楽しいものです。

食器洗いに関しては、いかに水切りかごにうまいこと収めるかというところが、ｂｏｎが仕事にしてきたデザインと似ているような気がします。どういう向きで、何を先に入れておくかと。うまくいけば気持ちがいい。面倒と言えば面倒になりますが、おもしろいと思ってやればおもしろいものですね。

またｂｏｎにとっては、今まで何十年と連れ添ってきたのに知らなかった、昼間のｐｏｎの姿を見るのが新鮮であったりもします。こんなふうに家事をしていたんだな、買い物に行っていたんだなと、行動をともにしながら感慨深く思うことがあります。

毎朝ふたりで掃除をします。ふたりでやれば、あっという間。いつもきれいを保てます。

食器洗い、けっこう
好きなんです。

朝起きてから夜眠るまで。1日の過ごしかた

bonponの日々

朝5時、猫に乗っかられてponは目覚めます。ちょっと早すぎるので、「もうちょっと寝かせてよ」と猫に負けずに二度寝。7時くらいになると、bonが起き出して猫にごはんをあげたり、トイレを片付けたりとゴソゴソし始めます。8時までにはふたりでテレビの前に揃い、NHKの朝ドラを見て泣いたり笑ったり。毎朝のお楽しみです。

そのままの流れで「あさイチ」の司会ふたりの朝ドラの感想を聞いたら、掃除に取りかかります。この掃除が、〝毎朝決まった時間に出勤する〟というようなリズムのない私たちにとって、暮らしのベースになっていると思います。唯一といっていい、暮らしのための朝のルーティン。

洗濯は、ランドリーバッグに溜まったらという感じで数日おきです。カラッとした気候

なので、天気が悪くても室内干しで乾かせるのがありがたい。シーツなどの大物は、天気のいい日を選んで洗います。

10時くらいになったら、bonがパンを焼いてコーヒーを淹《い》れ、ponがサラダとスクランブルエッグを作って遅めの朝食をとります。晴れている日なら、「どこかへ撮影に行こうか」となりますが、撮影をしない日であれば、不足している日用雑貨を買いに出かけたりします。引っ越し後、大体の物はすでに揃いましたが、しばらくは気に入る物に出会うまでさまざまな店舗をはしごして見て回っていました。

引っ越して来たばかりでまだ新たなコミュニティに参加しているわけでもなく、一般的な退職後の夫婦のように奥さんだけが仲間と出かけていく、ということがありません。普段は、どこに行くのも一緒です。時にはふたりでリュックを背負い、美術館や日帰りの小旅行へと赴《おもむ》くこともあります。

またふたりとも映画が好きなので、シニア割を利用して観に行くこともあります。ハリウッドのエンターテインメントやジブリ、ファンタジーものやヒューマンドラマなどなんでも好き。サスペンスとかホラー映画はこわいので観ませんけれども。

時折、どこにも出かけず日がな一日まったりしてしまう日だってあります。そんな時は、

「もったいないことした！」「雨でも出かければよかったね」と思います。家で一日過ごしていると、リビングに置いたお菓子箱からあれこれつまんで食べているので夕飯も適当に。bonはおせんべいが好物で、お菓子箱の中に常備しています。柿の種が大好きな、せんべいおやじです。しょっぱいものを食べたら、甘いものを食べて、それを2、3回繰り返しているうちにお腹いっぱいになってしまうんですね（笑）。

7時か8時くらいの夕飯が済めば、あとは各々テレビを見たり、パソコンをしたり、お風呂に入ったりとゆっくり過ごします。よくbonがテレビをつけたままうとうとしていて、消すと「見てたんだ」と起き出してくるということがありますね。会社員時代は夜中に帰って来て、ゆったりと深夜テレビを見ているのが至福の時間だったものですから、その名残《なごり》があるのかなあと思います。今でも、夜中の12時、1時までテレビを見るのが好きなんです。

あの頃は、寝るのが午前3時くらいで睡眠時間が4、5時間しかないbonでした。定年が近づいたころにはそんな生活もつらくなっていましたから、今のゆったりとした生活は理想的で、念願だったものです。とはいえ、もう少し早寝早起きをした方がいいんだろうなあとも思っているんですけどね。

ponはというと、11時か12時くらいに寝ています。寝室の扉は開けっ放しで、前に飼っていた猫の天ちゃんにそっくりなぬいぐるみを抱えて寝ます。

コーヒーは、おそろいのマグカップで

bonponの日々

大橋歩さんデザインのお気に入りのマグカップで、一日中コーヒーを飲んでいます。いつも、bonが淹れようと立ち上がり、ついでに「飲む？」と聞くと、必ずponは「飲む」と言う。自分から「淹れて」とは言わない、「飲む？」待ちです（笑）。

淹れたら、とくにふたりで座ってコーヒータイムというよりも、別々のところでそれぞれのことをしながら、冷めたままでも置いておいて時々飲むという感じです。

カップが空になったら、また「飲む？」「飲む」をやってふたり分を淹れます。飲む豆の種類などにこだわりはなくて、買ってくるのはスーパーのプライベートブランドの安い豆か、インスタントコーヒー。お客様が来れば、挽《ひ》いた豆をドリップもしますけれども、普段は簡単なインスタントコーヒーを瓶に詰め替えて、簡単に淹れられるようにしています。

会話が少なくても自然体で

bonponの日々

前にも書きましたが、毎日の食材の買い出しは、散歩を兼ねています。近くにスーパーが何軒かあって、どこなら野菜が安くておいしいかとか、肉はどこがいいかとリサーチしてあるので、はしごして。まとめ買いはせず、その日と翌朝必要な分だけを買ってきます。

時には、少し遠回りをして長めに歩いたり、近所にあるなじみのカフェに立ち寄ることもあります。いつも人気のカフェ「PUBLIC. COFFEE&BAR」は店員さんともすっかり仲良し。コーヒーはもちろんランチも美味しく、たまに遊びに来る娘も大のお気に入り。

そんなお散歩兼買い物の最中は、それほど会話が弾んでいるという感じではありません。ふたりともあまりおしゃべりなタイプではないので、話すとしても「今日は暑いね」「これ買おうか」といったくらいのもの。会話の盛り上がっているご夫婦を見ると、うらやましいなと思うこともあります。きっとどちらか、もしくはお二方でおしゃべり好きなのでしょうね。

私たちは黙々と歩いていますけれど、とくに会話がなくても隣にいれば安心できて、自然体でいられるということを幸せに感じています。

一緒にいるだけで楽しい、落ち着ける。

いろいろな夫婦のかたちがあって、みんなそれぞれだなあと思っています。

¥450
ーエチオピア モカ
チェルベサ ナチュラル精製ー
紅茶やベリー・ピーチ
のような華やかな
香りが楽しめる
最高等級品G1の
モカです。
コク

ノルディックウォーキング、はじめました

bonponの日々

5年ほど前に、ノルディックウォーキングをはじめました。なんでもフィンランドが発祥のウォーキングで、両手にポールを持っているので運動量が増えるし、姿勢もよくなるということ。講習会に参加して、正しい歩き方を教えてもらってから、ふたりではじめてみました。

まずはポールを購入し、ユニクロの青と赤の色違いパーカーと、白黒反転おそろいTシャツを用意して。運動をするときは、プリントTシャツも楽しく着られます。

ノルディックウォーキングのいいところは、サッサッと大股で歩けて、四輪駆動《よんりんくどう》になったように力強く進めること。歩いてみるととても気持ちがよくて、イベントにも何回か参加しました。

仙台に来てからあまり歩けていないのですが、なるべく早いうちに「早起きをしてノル

ディックウォーキング」という習慣をつけたいと思っています。奇遇なことに仙台はこのスポーツが盛んな地で、街中で歩いている方も見かけますし、公園に行けばたくさんの方がポールを手に歩いています。せっかく大きな公園や緑に恵まれた土地なのだから、これからもっと楽しみたいと思っています。

幸いふたりともこれまで大病を患うこともなく、健康にやってこれています。目が悪くなったとか、アレルギー性鼻炎になったり、ちょっと耳が聞こえにくいとかはありますけれど、血液検査や内臓検査で引っかかるようなものはない。とはいえ何もしないと衰えていく年頃ですから、積極的に体力づくりをしていきたいです。これからは！

猫が全部わかってくれる

bonponの日々

子どもの頃から動物が好きで、ponは犬、猫、鶏、うさぎ、ジュウシマツといろんな生き物と暮らしてきました。結婚して秋田に来てからも、20年近く、合わせてみるとこれまで5匹の猫と一緒にいるので、もうこの手触りのない生活は考えられません。どの子もみんな、大切な家族でした。

猫は不思議なもので、普段は気ままでそんなに言うことも聞かないのに、落ち込んだり泣いていたりすると飛んできてジーッと見ていてくれたり、慰めようとしてくれたているのがわかります。そういう猫の何気ない暖かさで、これまでに何度も救われてきましたり。これまでに何度も救われてきました。今一緒に住んでいる猫はもう11年も一緒にいるから、自分のことは全部わかっていてくれるような気さえします。

それに、こうしてかわいがる対象がいると、夫婦ふたりの会話も増えますね。掃除も猫のためにという部分があるし、ごはんやトイレの世話も絶対にしなくてはならない。縛りのない生活に、ゆるやかでほどよいリズムをもたらしてくれていると思います。

信仰のある暮らし

bonponの日々

私たちはクリスチャンで、日曜日は教会へ通っています。週に一度、日ごろのことを反省したり、先のことを考えたりと、心を落ち着けて自分を見つめることのできるいい機会となっています。

親がクリスチャンであるｂｏｎにとって、これは小さい頃から行われてきた普通の習慣でした。だからこそ特別強い思いがあったというのでもないのですが、親が亡くなった今となっては、改めてこの場で親や周りへの感謝を深く感じるように。教えをたどれば救いがあり、謙虚であれ、真摯であれと戒めてくれる。生きていく上で、畏《おそ》れるものがあるというのはいいことだと感じるようになっています。

ｐｏｎはというと、結婚するまで宗教とはほとんど関係のない家で育ってきました。嫁《とつ》いだ先がクリスチャンで、夫も母もそう。娘たちも幼いうちに洗礼を受けて、自分だけがクリスチャンではないという状態が何年かありました。キリスト教のことをちゃんと知ったうえで、「こういう教えであれば」と納得できてから洗礼を受けたかったのです。

娘たちが洗礼を受けた時は、少しだけ「自分の意思がないうちに親が受けさせるというのはどうなんだろう」と思いました。けれど、洗礼は親が子に与える最初のプレゼントなんだよという話を聞いて、スッと受け入れられて。子どもの無事や幸せを願う気持ちは、どんな形であれありがたいことだと思いました。

母は、早く洗礼を受けてほしかったのだと思うのですが、強制はしないでいてくれました。ｂｏｎも、それは本人の自由だからと何も言わず。娘たちがキリスト教系の幼稚園に通ったことで、イベントなどで教えや雰囲気に触れる機会が多くなってようやく、洗礼を受けてみようと決心がつきました。その頃には、ｐｏｎも早く家族と同じ身になりたいと思っていましたから、洗礼を受けた時には感動して涙が流れたのを覚えています。

秋田にいた頃は家に祭壇があり、旅行の前などに「無事に行ってこられますように」等お祈りをしていました。今はチェストの上に十字架を飾っています。お祈りは、食事の前後に、食卓に着いて感謝をしながら行なっています。

8章

夫婦のつくりかた

私たち、こんなふうに出会って結婚しました

always together

私たちは、東京にある美術系の専門学校で出会いました。ｐｏｎは小さい頃から絵を描くのが好きで、小学生の時には漫画家の一条ゆかりさんの真似をしてマンガを描いたり。高校生になるとファッションに目覚めて、『MC.SISTER（エムシーシスター）』のコーディネートを参考にオシャレを楽しんでいたのを覚えています。ｂｏｎは中学校の時に、授業で細密画を見て「かっこいい！」と美術の世界に興味が湧きました。自分でもカメラをスケッチして細密画を描いてみたら、上手だと褒められたりして。その気になってスイッチが入って、高校でも美術部に入りました。

専門学校では、ｐｏｎが絵画やイラストを学ぶ美術科で、ｂｏｎはグラフィックデザイン専攻で勉強していました。クラスは違いましたが、交際のきっかけとなったのは学園祭

の準備。ふたりとも作品展示をする部屋を装飾する係だったのです。毎日みんなで遅くまで飾り付けをして、グループ行動をする中でお互いを意識するようになりました。カトリックの、どちらかといえば真面目な家庭で育ったbonにとって、いつも楽しそうで自由そうなponが新鮮に映りました。なにしろ、休み時間にはギターを弾きながら友だちとフォークソングを歌っていたのですから。それもオーバーオールで、当時流行《はや》っていた歌手のイルカさんのような髪型をして。

その学園祭の打ち上げ中に、みんなの前で（！）bonが告白して、つけていた指輪をponに渡しました。告白されたponも、穏やかで大人っぽく見えたbonをいいなと思っていましたから、とても嬉しかった。当時の指輪は今でも大切にとってあります。

そして卒業後、同棲を始めました。周りにもそういうふうに暮らし始めている友人がいる時代ではありましたけれども、親からすれば、「なんということだ」という感じだったと思います。

住んだのは、新高円寺の風呂無しアパート。6畳一間《ひとま》で銭湯通いで、まさにフォークソング「神田川」の世界でした。キッチンがついているのですけれど、6畳と別にあるのではなく、畳の部屋に直接流しとコンロひとつの台がついているという間取り。玄関のたたきを上がればすぐに6畳の部屋という、本当に小さな空間でした。

bonは小さなプロダクションにグラフィックデザイナーとして雇《やと》われて、3日徹夜で帰ってこないような日もありました。携帯電話もない時代ですから、何の連絡もなしに何日も帰ってこない。ponはアルバイトでデザイン事務所や広告代理店などに短期で通っていましたが、だいたいは家で待っているしかない生活。そのことでは、よく大ゲンカをしたものです。

それでもお互い、自分にはこの人しかいないと思っていましたから、同棲を始めて3年ほど経った頃に結婚をしました。そして籍を入れてからまた3年ほどで、長女を妊娠。このお風呂もない狭いアパートで子育てをするのはとても想像がつかなかったので、これを機にbonの実家である秋田へ移り住むことにしました。bonの勤め先の会社が倒産したりなんだりで働くのも3社目となっており、安定しているとは言い難い状況でしたし、長男なのでいずれは田舎に帰ろうという思いもあったのでした。

秋田へ行くことについては、ponはそれほど抵抗がありませんでした。千葉育ちのponにとって、秋田と聞いたら「雪がすごくて2階から出入りするのかな」とか、「囲炉《いろ》裏《り》があるのかな」なんていう先入観があったのですが、実際に行ってみるとそんなことはありませんでした。田んぼの多い千葉の実家より街中で、囲炉裏もありません。母の住む家の隣で長女と、2年後に次女を産み育て、長女が5歳になるくらいで家を新築して母との同居が始まりました。

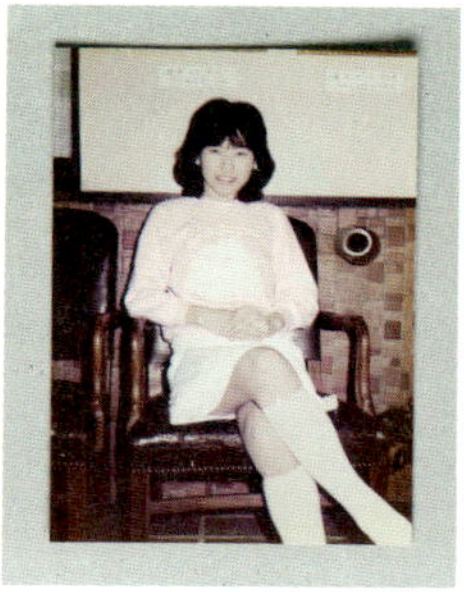

出会った頃。10代。

結婚式。ウェディングドレスは友人から借りたものでした。

この頃はペアルックもしていましたね。

長女が生まれた頃、公園で。

パソコンとGLAYとインターネット

always together

bonの職業柄、パソコンを導入するのがとても早い家だったと思います。1990年代に入る前だったか、アップル社のMacとソフトウェア、プリンターを入れて総額100万円にもなる時代でした。この時は、このMacを買うか、音の変わってきた古いピアノを買い替えるかと検討しまして、Macが勝利したというわけです。まだインターネットが一般に普及する前で、パソコンの起動に驚くほど時間がかかるような環境でした。

仕事用にと購入したものでしたが、結局のところ主に使っていたのはponでした。娘と一緒になってお絵かきソフトで遊んだり、家を新築するにあたって間取りを考えたり。もともと間取り図を見るのが好きで、せっかく家を建てるのならばあれこれとやってみたいと間取りをつくるためのソフトを買いました。吹き抜け、出窓、娘たちの部屋、書斎、造り付けの収納等々、工夫を凝らして考えるのはとても楽しい作業でした。

世間にインターネットが普及してきたら、ｐｏｎが自分で調べて接続をして、ホームページをつくるソフトが発売される前から、ＨＴＭＬ言語を本で学んで自分で立ち上げていました。最初の自分のサイトでは、猫や出かけた先の写真などをアップして、掲示板を作って、いろいろな人と交流をしていました。

そのうち、小学生だった次女がロックバンドのＧＬＡＹのファンになりました。毎日のようにＤＶＤを見せられて、車内ではＢＧＭで聴かされて、音楽雑誌まで「読んで」と言われるので、それは詳しくなりました。そうしてみると、歌がいいというだけでなく、あの４人の関係性がとても素敵なんですね。人柄もよくて、どんどん好きになっていきました。ついに一緒にライブに足を運んだら、完全にはまってしまって。

ライブに行くのは本当に楽しいのですけれど、気になったのは周りが若い子ばかりということでした。だんだん、自分のような30代後半くらいのファン仲間がほしいと思うようになってきて。ついに「おばちゃんだってＧＬＡＹが好き」というキャッチフレーズで、35歳以上の女性向けのファンサイトを立ち上げたんです。「ＯＢＡ＊ＧＬＡＹ」という名前で、自分は「ＯＢＡちゃん」と名乗ってね。すると、やはり同じように「若い子ばかりで恥ずかしい」と感じていた人たちが、日本中からサイトを訪れてくれたんです。
そのうち、ライブに行くと「ＯＢＡちゃんだー！」と声をかけられるようにもなりました。掲示板で交流しているので、自然とオフ会のような流れになって。一度、１００人規模のオフ会になったこともありましたよ。テレビの取材を受けたこともありました。本当に盛り上がって、日本中にお友だちができて、今でもつながっている仲間がいるんです。ただ、開設から5年ほど経ったところで、関わる人の数が大きくなりすぎて管理しきれなくなってしまったんですね。今でもＧＬＡＹは大好きですが、サイトは閉鎖してしまいました。

今は娘がファンを卒業しているので、ｂｏｎと一緒にふたりでライブへ行っています。ＧＬＡＹと書いたＴシャツをデザインして、おそろいで着て行ったりして。ｂｏｎは最初はお付き合いという感じでしたけれども、行けば行ったで楽しめる。ファンの年齢層が上がってきているせいか、「着席指定席」というのが設《もう》けられていて、いつもそこを取っています。先日ネットの取材でＧＬＡＹファンだということをお話ししたら、なんとＴＥＲＵさんがその記事から私たちのことを知ってくださって。横浜アリーナで私たちのために、「ずっと2人で…」を歌ってくれたというんです。もう、感涙です。こんなことが、私たちの人生に起こるなんて。
ＧＬＡＹのファンサイトを閉じた後、しばらくして〝靴下でつくるぬいぐるみ「ソックキャット」〟のサイトを立ち上げました。１００円均一などで靴下を買ってきて、あっという間にできる猫のぬいぐるみです。作り方を掲載して、作ってくれた人と交流して。これも夢中になって作ったり載せたりを楽しんでいましたが、老眼が進んで制作が難しくなってしまいました。その後は愛猫のサイトも作りました。ツイッターもブログもフェイスブックも、サービスが提供されると割合い早い段階で飛び付きました。いつも興味津々で、新しいツールを楽しんでいます。ただ、飽きるのも早いんですけれどもね。

子どもが小学生までは、ＰＴＡ活動に打ち込んだり、子どもの合唱部に付き添ったり、自分もママさんコーラスで歌ったりとあれこれコミュニティに属していました。そのうち中学生になると、親の出番はほとんどなくて、お母さん同士の付き合いも減ってしまうんですね。ＧＬＡＹの話で盛り上がることはできないし、テレビドラマの話をされても観ていないのでわかりません。自然とお母さんグループというよりも、インターネットの中で世界を広げていくようになりました。

またこの頃ｐｏｎがはまったものといえば、「ドラクエ」です。「Ｖ《ファイブ》」から「Ｘ《テン》」までやりましたかね。始めてしまうと、もう夜中まで夢中で。しなくてはならない家事はこなしましたけれど、そのほかの時間は熱中！　時には夜中の3時に「ボスを倒した！　手ごわかった」と泣いて喜んだり。ｂｏｎは白い目で、「ふうん、俺は寝るよ……」と(笑)。時には徹夜もするくらい、根《こん》を詰めてしまいます。それで、飽きたらスパッとやめてしまう。熱しやすく冷めやすいとはこのことですね。

ドラクエは、娘たちも一緒になって楽しみました。休みの日にはｂｏｎも攻略本を手に、「こういくと宝箱があるよ」と導いて。

こうしてゲームをしたり、出かけたりする時には一致団結していましたけれど、私たち家族は基本的にそれぞれがマイペースで、お互いにあまり干渉しません。「団らん」というよりは、個人の好きなことを自由にして過ごしてきました。そういうところも含めて、志向は通じるものがあったと思います。

2万円のゆくえと教育方針

always together

夫婦ふたりの教育方針もほぼ共通していて、娘たちに伝えたのは「自分がされて嫌なことは人にするな」と、そして、「いつも笑顔でいなさい」というシンプルなこと。それから、女の子だと派閥争いのようなものがどうしてもありますでしょう。そういうのが昔から嫌いで、「つるまないと何もできないような人にはなるな」と。「ひとりでいてもカッコイイ人になりなさい」とはよく言っていました。

bonはというと、秋田の広告代理店に就職してからというもの、東京にいた頃と同じように来る日も来る日も夜中になるまで仕事三昧《ざんまい》でした。仕事の内容は、グラフィック、インテリア、飲食店などのデザインから、ローカル番組CMの企画制作ディレクション。本当に忙しくて、帰って来るのは午前1時が当たり前。3時頃に寝て、朝は7時起きです。よく体を壊さず、ここまでやってこられたと思います。

ただ、どんなに仕事に追われても、週末に家族と過ごすことでリセットできていたんです。金曜日になると明け方まで仕事をして、土曜日の午前中は睡眠をとり、土曜の午後と日曜日はいつも家族で出かけていました。美術館に行くこともあれば、キャンプをすることも。青森や盛岡の方まで足を伸ばすこともありました。子どもたちが小学生くらいの時は、車をステップワゴンにしてキャンプに備えて、北海道まで行ったこともありました。

娘ふたりですから、アウトドア用品の中に赤いチェックのクロスなども入れて、ちょっと可愛いピクニックのように演出してね。家族と出かけることで気分転換ができ、翌週仕事に打ち込むエネルギーになっていたと思います。あとは日々、帰ってからponの用意してくれたご飯を食べ、海外ドラマなどをテレビで見ながらボーッとしているうちに心身の回復をしていたんですね。

ponはずっと専業主婦でしたが、長女が大学進学で上京をしてからアルバイトを始めました。時代も地域性もあって、子どもが小さいうちに母親が働くということが、周りにはあまりありませんでした。子育てもほぼ終わって、仕送りが始まって、じゃあ外で働こうかとなったんですね。アルバイトといっても週に5日のフルタイムで、古文書をマイクロフィルムにしてデータ化するという仕事をしました。パソコンが得意なことを見込まれて、契約延長で2年。辞める時にはマニュアルを作って引き継ぎました。

この頃は、自分と次女用にお弁当を作っていて、2個も3個も手間は変わりませんからbonにもお弁当生活を始めてもらいました。手の込んだことはしませんでしたので、それほど苦労には感じませんでした。それでも、お弁当を作って仕事に行って、帰って来て夕飯を作って、それはやはり大変なことですね。仕事は自分の知識を役立てることができるもので、やりがいがあったしおもしろかった。それでも家事との両立は大変だと実感しました。何年かしてまた誘っていただいたのですけれど、40歳を過ぎたら一気に老眼が進んでしまって。自信がなくて引き受けませんでした。

もうひとつ長女の上京で変わったのは、喫煙者だった私たちがタバコをやめたことです。長女が家を出てしまって、寂しくて泣き暮らす中でふと、娘がたったひとりで大都会でがんばっているのだから、自分も何かがんばろうと思ったんですね。それに、ふたり合わせて月2万円もタバコ代に費やしているなんてばかばかしい、その分を仕送りに回した方がずっといいじゃないかと考えました。

仕事から帰ってきたbonに、突如「今日からふたりでやめよう」と道連《みちづ》れ宣言。「ええ！　俺も？」と驚きましたが、賛成してその日からピタッと禁煙しました。

　ふたりとも、その日っきりタバコはゼロ本。思い立てば、1日2箱も吸っていたヘビースモーカーだってやめられるものですね。ponは口寂しくなった時は、ガムをかむようにしていました。bonは甘い飲み物を飲むようになってしまったので、あっという間に10キロ太りました。今は太る前の体重に戻っていますけれど、あの頃はズボンを2回も買い替えました。

ふたりで一人前、と思っています

always together

娘が言うには、「ふたりの性格は真反対」なのだそうです。瞬間湯沸かし器のお母さんと、穏やかで怒らないお父さん。決断力があって感覚で突っ走る「動」のお母さんと、慎重でブレーキ係の「静」のお父さん。お互いに自分にない部分を認めて、おもしろがっているからバランスが取れているのではないか、というのが娘の見解です。

ponが何かをしようと思ったときに、ことによってはbonが「待て待て」とブレーキをかけます。あれこれと比べたり、検討してから「本当に動くべきことか」と見極めたいんですね。でも普段は忙しいし、面倒くさがりでもあるものだから、なかなか検討に入らない。そうしているうちにponは「何をそんなに悠長な！」「やってみなければわからないでしょう」とイライラしだして。結局言うとおりにやってみたら、うまくいくということがこれまでたくさんありました。そんな時のｐｏｎは、「ほら、待たなくてもよかったでしょう」と得意気です。性格が反対なので、たとえ行きつくところが同じだとしても、プロセスが違うんですね。でもお互いに尊重しているので、やり方を否定し合ったりはしません。ただ慎重すぎて、考えすぎて動けなくなると、それを動かすのがｐｏｎの役目。もちろん、考える時間がきちんと取れるのはｂｏｎのおかげですし。なにか行動を起こすにあたって、ふたりで話し合えるというのは幸せなことだと思います。

もともと、お互いに自分と違うところに惹かれて好きになりました。ｂｏｎは「ｐｏｎの決断力はすごい。自由な発想で、やる時はやる人だ」と思っていますし、ｐｏｎは「ｂｏｎの穏やかな人柄に、ずっと救われてきた」と思っています。違うからこそ、一緒にいてくれてありがたいとも感じます。「家事に強いｐｏｎ」と「世間を知っているｂｏｎ」と得意分野も違いますしね。だからふたりで、一人前。

お互いに頼りにし合っているからこそ、ひとりになったらどうしようという怖さはいつもあります。ふたりとも片方の親を早くに亡くしていることもあって、それは実感を伴った怖さでもあります。今はとにかく、一緒にいられることがありがたい。今日という日を大事にしようと、毎日のように思います。

ケンカの話

always together

結婚前の同棲時代には、しょっちゅうケンカをしていました。何しろ、bonは連絡もなく何日も仕事から帰らないようなことがありましたから。「仕事だからしょうがない」「しょうがないでは済まないよ」「そうだよね」の繰り返しで。結局、結論なんて出ないんですね。言い合いの途中で「じゃあ仕事に行ってくる」と出て行ってしまったり、いつもうやむやに。

ただ、どれだけ言い合いになった時でも、「別れたい」となったことは一度もありません。今考えてみると、結論を求めてとことんまで話し合っていたら、もしかしたら別れる方向へ行ってしまっていたのかもしれません。いつも「そうだよね」と終わって、ponも一度爆発すればしばらくはおさまって、その繰り返しでだんだん慣れていったんです。最初からふたりでまるっきり落ち着いた夫婦だったとは思いません。慣れたり、受け入れたり、その積み重ねで今の関係があるのだと思います。

そして今となっては、ケンカは起きません。意見が違って「えー」ということはありますけれど、テレビを見ているうちに忘れてしまう程度。「また置きっぱなしだよ」「今やろうとしたのに」という会話はありますが、ケンカというほど高等なやり取りではないです ね(笑)。ｐｏｎからすれば、何でも溜めずに言うことが夫婦円満の秘訣。ｂｏｎからすれば「今は言わない方がいいな」ということはありますけれど……。これは言ったらいけないなというようなアンタッチャブルなことはお互いにありません。

なにより、以前は平日にまったくのすれ違い生活だったことを思うと、新しい地でふたり支え合っている中で、ケンカをするなんて時間がもったいないような感じです。まだほかに交友関係も広がっていない中、ふたりしかいないのに反発しあっている場合ではないんです。「このマンションはこうやってゴミを捨てるんだって」「へえー」と、小さいことでもふたりで手探りしながら進んでいく感じが楽しい。もちろん、いずれそれぞれが違う趣味を持って交友関係を広げたとしても、それはそれで「どうぞどうぞ、楽しんで」と思いますしね。

とはいえ、ケンカをしないからといって「すごく仲良し」かというと、自分たちにそう

いう自覚はありません。いつもくっついている
というわけではないし、会話は少ないし。ただ、
何十年も一緒にいれば、これが自然な姿かなと
思います。お互いが好きで、相性が合うようだ
から、それで十分と思います。

結婚記念日には小旅行

always together

今から20年以上前のこと、結婚15周年の記念に東京・横浜の旅に行きました。本来なら10周年で記念になることをと思いますが、その頃は子どもが小さくて、ふたりだけで旅行というのが難しい。15周年であれば、子どもたちも親なしでのお泊まりを楽しめる年頃になっていたので、姉にあずけて出かけることができました。

思い出を辿《たど》る旅を兼ねていたので、同棲していた新高円寺を十数年ぶりに訪れました。さすがに、モルタルづくりの古いアパートは取り壊されて、違う建物に。けれど、通っていた銭湯はまだ健在で、とても懐かしく当時のことを思い出しました。時が経って遠い地に暮らし、家族が増えて、同棲していた頃が遠い昔のような、つい最近のことだったような、不思議な気持ちになりました。25周年の銀婚式では、旅行はできなかったのでせめてとシルバーのペアリングを買いました。「あなたは特別な人」ということが英語で彫られているものです。ponは指に入らなくなってしまったので保管していますが、bonは今でもつけています。

30周年ではJRの「大人の休日倶楽部・ミドル」に入会していたので、それを利用して初めての箱根旅行に行きました。一度、富士屋ホテルに泊まってみたいと憧れていたのです。記念に買った富士屋ホテル限定のテディベアは宝物。今でも大切に飾っています。ほか、彫刻の森美術館や大涌谷《おおわくだに》を訪れて、雨に降られて名物の「黒玉子」だけを食べたり、楽しい思い出がたくさんできました。この頃の写真を見ると、白髪染めをやめてどんな髪型にしたらいいのかと模索中なのがうかがえて、そういうこともまた懐かしい。

これまで、このほかちゃんとした〝旅行〟というのにはほとんど行っていません。時間のできた今は、「大人の休日倶楽部」を利用して福島へローカル線の旅に出たり、日帰りで埼玉の川越を旅したりと楽しんでいます。

旅行以外で記念日をどう過ごしてきたかというと、だいたい娘が自分の食べたいケーキを買ってきてくれて、自分の行ってみたいお店を予約してくれて、という感じでした(笑)。プレゼントは、お互いに「何か欲しいものある?」と聞いて、あればリクエストの物を贈って、なければなしで済ませて。

結婚記念日には何度か、ｂｏｎからｐｏｎへと花束を贈りました。昼間のうちに職場から花屋さんへ行って花束を作ってもらい、こっそり家に帰って物置小屋に隠しておいたものです。

バレンタインにはｐｏｎと娘でデパ地下へ行って、これもまた娘の食べたいチョコレートを父に買ってくるんです。一応渡してくれるんですけど、食べようかなという時にはもう、なくなっているんですね（笑）。50周年の金婚式まで、行けたらいいなと思います。

結婚30周年記念旅行。箱根登山鉄道の前で。

憧れの箱根・富士屋ホテルにて。

富士屋ホテル限定のテディベア。

おみやげも猫ものが中心になります。

結婚指輪と25周年記念でつくったリング。

インスタグラムで環境一変

always together

娘に勧められて始めたインスタグラムですが、これがあるから「今日はどこへ行こうか」という会話ができますし、取材の方が来るから部屋をきれいに保てています。街を歩けば声をかけていただくことも多く、ボーッとした顔で歩くわけにはいきませんから毎日が刺激的です。退職したら仕事人間のbonはあっという間にボケてしまうのではないかというのが家族の心配事でしたが、こうして毎日楽しく忙しく過ごせていることは幸いです。想像もつかないほどたくさんの方にフォローしていただけて、人生にこんなことが起こるのかとただただ驚いています。

先日声をかけていただいたカップルの方は、ふたりでインスタを見て、「こういうふうになりたいね」と話していたとおっしゃるんです。そんなふうに言っていただけると、本当にうれしくて、私たちも仲良くしようという気持ちが大きくなります。生活に張り合いができて、それが一緒に楽しめることなので、本当によかったと思います。

撮影は、三脚を立ててセルフタイマーで行なっています。いつも笑顔がないと言われるbonですが、三脚相手に笑うというのはなかなか難しいことです。とはいえ取材でプロのカメラマンに撮っていただく時でも、何度も「笑ってください」と言われるんですよ。自分では笑っているつもりでも、口角が下がってしまっているようです。必死に、かなり笑わないとシャッターを押してくれないんですね。ついには、笑顔の練習をしましたよ。

ほかに写真を撮る時に気をつけているのは、姿勢をよくするということ。bonは脚を広げないとゆらゆら揺れてしまうので、仁王立ちで踏ん張るということ。それくらいです。また最近では歩くときに、「撮影にいい壁はないか」という視点で街を見るようになってきました。やっぱり背景はごちゃごちゃとしていない方がいいですね。

あとはなかなか苦労するのが、人気《ひとけ》のないところで撮影するということです。観光地ならばみんな撮影しているので目立たないのですが、そうでないところでは恥ずかしくてとても撮りにくい。路地に入ったり、人が途切れたのをねらって「今のうちに！」と撮っています。あとは人のあまりいない郊外の公園まで足をのばすことも多いです。週に1度はアップしたいと思っていますが、雨が続いたりするとなかなか難しい。私たちのリンクコーデは出かける前にするのが通例なので、部屋撮りばかりなのもつまりませんしね。

インスタを見た方から、「とても仲が良さそう」と言っていただくことがあります。リンクコーデをしているとはいえ、ただの直立不動なので何がそう映るのかわからないのですが、若い頃ならこうは写らなかったんじゃないかと思います。歳を重ねた今だから、こういう写真になるのではないかなと。それは思うところです。

幸せなことにいろいろな方から、取材や撮影などさまざまなお話をいただくようになりました。どちらもとても楽しいのですが、これで稼ごうとか、有名になろうという気はまったくありません。これはただの夫婦の記録であり、今後も楽しみとして淡々と続けていきたい。インスタ自体が趣味なのだから、そこからあまり外《はず》れてしまうのはどうなのかなと思っています。テレビには出ない、普段身につけないブランドのお話はお断りするなど、ここはbonの「待て待て」で行くのが私たちらしいと、ふたりとも思っています。

インスタの撮影はこんな風に

三脚を立てて立ち位置を決めます

タイマーかけましたよ～

はい、撮りますよ～

パシャ

「これでいいかな？」

覗いてみて確認します

これから やりたいこと

always together

以前はインスタグラムで忙しくなるなどと予想もしていなかったので、セカンドライフは何をして過ごそうかとボンヤリながらも考えていました。理想としては、朝早く起きてウォーキングをしたりと健康的に暮らすこと。今のところ夜型生活が直っていなくて、朝はのんびり、運動といえば簡単な掃除くらいのものです。つい、海外ドラマやＮＨＫの特集番組などを深夜まで見てしまうので、早起きができません。とはいえ、今はせっかく自由なのだから、楽しいと感じることを楽しんでもいいのかなという気もしています。もちろん、おいおい、朝の運動は始めたいと思っていますけれども。

　それからジムに通おうという話も出ていました。新しい家の近くには大きなスポーツクラブがあり、さまざまなプログラムを受けることができます。中には、娘が「ぜひやって」

と勧めてくれた社交ダンスのクラスもあります。社交ダンスは、姿勢がよくなるし、ボケ防止にいいと言うんです。ふたりで楽しめるものですし、これもいずれは始めてみたいですね。

ｂｏｎはボルダリングにも興味があります。以前仕事で見学する機会があって、シニアにも向いているしおもしろそうだと思ったのでした。ステンドグラスづくりも、趣味にしてみたいと気になっています。しかしあれもこれもとなれば、会費だの道具代だのとお金がばかになりませんね。実はｂｏｎには、仙台でも働けるかなという考えが少しありました。これまで積んできた経験を活かし、補助的な仕事があればと。ただ、新しい土地に来てまだ人とのつながりができていないし、デザイン関連のことは若い人にまかせたほうがいいのかなという気持ちもあります。もう少し落ち着いたら、改めて考えてみたいことのひとつではあります。

一方のｐｏｎは、ブローチづくりをしてみたいと思っていました。布や樹脂粘土を使って、自分がほしいデザインの物を作りたい。コーディネートに、またひとつお楽しみが増えそうです。思いはあれこれと膨らみますが、ひとまずは忙しさにひと段落ついてから。

それからやっぱり、これまでできなかった旅行に行きたいです。フランスやスペインのような海外にも行ってみたいですし、長崎の五島列島に巡礼の旅というのもしてみたい。GLAYのライブを除けばふたりで遠出をしたのは15周年と30周年の旅だけでしたから、これからはあちらこちらを訪れてみたいです。

これからしたいこと、できること。ふたりで相談しながら、楽しんでいきたいと思います。

IKEA

pon さんに聞きました！
単独インタビュー その1

――夫婦の危機のようなことは今まで一度もなかったんですか。

夫は家に全然いなくて、子どもが生まれてからも、朝出て行ったら夜遅くまで帰ってこなかったから。その頃はよくケンカをしていましたね。もう、疲れてしまって。

――今でいうワンオペですね。

そんな状態。でも別れたいとか、そういうの一度もなかったです。平日は母子家庭状態で、母との同居が始まってからはそこに母が加わって。それなりに確執もあったので、つらい時もありました。あんまり溜まるとワーッとなったりして。

――ｂｏｎさんに「なんとかしてよ」みたいなことは言わなかったんですか。

愚痴はしょっちゅう言っていました。「今日はこんなこと言われたんだよ」って。ｂｏｎはただ聞いていて、「うーん困ったおふくろだな」って。必ず味方になって話を聞いてくれたんですね。それで収まった。仕事で疲れて帰ってきて、母親の愚痴を言われて、大変だったと思うけれども、ちゃんと聞いてくれていました。

――そういうことをふたりで乗り越えられたから絆が深まった、というところはありますか。

そうですね。若い頃からとても貧乏だったり、大ゲンカしたりしながらも別れたいと思ったことはないんですね。やっぱり好きなんだろうなと思います。この人以外には考えられない、そういうことなんだと思います。

――ｂｏｎさんを頼りにしているんだなあという感じは、拝見していて伝わってきます。

とくに今はもう、ふたりっきりだから。この人しかいない、頼れるのは。

――世の奥さんの中には、「退職して夫がずっと家にいて嫌だ」という人もいるじゃないですか。

そうやって聞きますね。うちは、平日いなかったから、ようやくふたりの時間を持てたのが今ですからね。掃除も一緒にやってくれるし、いるほうがラクですよ。

――やっぱり、いろいろ波風があった時期に信頼関係ができあがっているから、今があるんでしょうね。夫婦の在《あ》り方をちゃんと築いてこられたというのが伝わってきます。

愛情はずっとありますよ、今でも。そんな、燃えるようなものではないけれども、一緒にいて一番ラク。自分の旦那さんといったら、この人以外には考えられません。

——普段忙しくて、全然いなくて、もっとかまってよという不満はありませんでしたか。

あんなに忙しく仕事をしていても、時間のある時には家族第一でしたからね。疲れているから休みの日は寝ている、というのはなくて、一緒に出かけてくれたから。

——それを受け止めてありがたく感じるponさんも素晴らしいな。それで足りない人だっていると思いますよ。

とにかく自分の時間は家族を優先に考えてくれましたからね。

——ほか、円満の秘訣は何だと思いますか？

彼は仕事のことはわかるけど、家事なんかはあんまりできない。私はずっと家の中にいたから、世間知らずなところがたくさんある。性格も正反対で、だからこそお互いに足りないところを補い合いながら、ふたりで一人前みたいな感じがあるんですね。取材で聞かれると、いつもそうやって、支え合いながら生きていけたらいいなと答えているんですよ。

——やっぱりよく聞かれますか、夫婦円満の秘訣は。

はい。インスタを見るとすごく仲良く見えるみたいで。でも本人たちはそれほど「仲良し！」という自覚はないんですよね。もっと楽しそうにしているご夫婦もたくさんいると思うけれども。

——なんというか、相手に対する要求が、おふたりとも少ないような気がします。頼り合ってはいるけれど、依存ではないような。

それはね、「期待しても無理だな」ということは、これまでずっといないことが多かったから。相手に期待してもつらいばっかりでしょう。だから、期待しすぎないということはあるかもしれない。それは、長年の積み重ねで思えるようになったことかもしれません。いくら言ったって仕事が減るわけではないし、長年かけて「これは仕方ないな」とあきらめてきた。

――なにかひとつだけ、言いたいことはありますか。

うーん。ほんとに、感謝の気持ちしかないです。

――ええー！

今まで、何でもがんばってきてくれたから。

――その謙虚さはどこから……クリスチャンであることは関係ありますか。

いや、とくにそういうふうにも思わないけれど。

――それは仕事もだし、休日は家族に使ってくれて、お母さんの愚痴も聞いてくれて、そういうこと全部に対する感謝ですか。

そうですね。

――最後に変なことを聞きますけれど、年を重ねた後、どちらが先に死にたいというのはありますか？

同時が最高ですね。女の人の方が残されたあと強く生きていけると聞きますけど、男の人が残されたらちょっと心配ですけれどね。でも自分が残された場合どうなるんだろうと思うと、同時が一番いいですね。

bonさんに聞きました！
単独インタビュー　その2

――これまでに夫婦の危機はありましたか。

　大ゲンカは若い時にありましたけれど、別れたいとまではなっていませんからね。ないのかなあ。

――大ゲンカするとbonさんはどうなるんですか。うちの夫が物を投げてきた時は、本当にびっくりしたんですけど（笑）。

　それはすごいですね（笑）！　ちゃぶ台ひっくり返したいとかね、あんまりないですね。そのあと拭《ふ》くの大変だと思うと、そんな勇気ないんですよね。「てやんでえ」みたいな江戸っ子でもないし。「それは違うだろう」くらい言うんですけど、今思うと多分、かっこつけてますよねー。

――会社でもそんなふうに穏やかだったんですか。

そうですね、小言を言うことはありましたけれど。お客さんに対して失礼な若い社員がね、何度言っても反省のそぶりさえなくて、つい声を荒げるっぽいことはありましたけど、怒りはしなかったですね。

――荒げる「っぽい」（笑）

ちょっと声が大きくなって、「だめじゃないの？」みたいな（笑）。でも相手がそういう人間なんだなと思うと、怒っても仕方がないというか。こんこんと諭《さと》しはするんですけどね。

――家庭でもそういうことはありましたか。

冷静に「こうなんじゃないの」というと、その冷静さで怒らせるということはありましたね。でもなんでその口論があったかというと、原因は全然思い出せません。

――さっきponさんからお聞きしたのが、疲れて帰ってきたbonさんにお姑さんのことを愚痴っていたと。いつも「そうだね」と聞いてくれたから、救われたとおっしゃっていました。

そうですか、救われたのかな。

――聞く方は大変でしたか？

僕は、はっきり言って能天気なんですね。「そうだよね」と言うだけでおふくろに物申しに行ったりはしない。深入りしていないんですよ。親は親の気持ちもあるでしょうし。そのへんは自分がわかっているから、「そうだよね」と言いながら何もしないという。

——その板挟みはつらくなかったんですか。

性格がのんびりしてるので、あれこれあっても何とかはなっているなと思って。

——ストレスではなかったんですか。

うーん、そんなにはなってない。多分ひとつカリカリすれば大変だろうなって。

——そういう、「カリカリしない」「能天気でいる」「冷静でいる」というのは意識してそうしているんですか？

意識してないですね、素です。いちばんどうしようもないやつ（笑）。

——そんな、一番大事ですよ。意識して、だったら無理がきますもんね。休日は全部家族のために使っていたということですが、仕事でお疲れではなかったんですか？

あまり疲れは感じていないんですよ。ちょっと寝ればヒットポイントが回復するので。

——すごい、勇者だ。

そうそう、勇者（笑）。いや、眠い時もあるんですけれど、普段仕事ばかりしているので、どこかで頭を切り替えたいんです。全然違う場所に身を置くことで、自分のリセットにもなる。家族のためというよりも、自分がおもしろくて外に行きたい。そしてひとりで行くより、家族と行ったら楽しい、と。

——前向きだなー。物事をよい方向に考える、いい思考のクセをお持ちなんじゃないですか。人によっては何でもマイナスに、同じことでも面倒くさいっていう方に考える場合もある。

面倒くさい時だってありますけどね、そこは奥さんがやってくれますから。マンションを調べたり決めたりするのも全部やってくれる。いやあ、申し訳ないなあって。

——bonさんが面倒くさいと思うことは、ponさんが好きなことだったりする。

そういうことですね。いやなことはやらないでしょうから（笑）。

——夫婦円満の秘訣を教えてください。

なんでしょうね、円満って言うとお友だちみたいに楽しくしゃべって笑ってという感じでしょうけど、そういうんでもないし。逆に言えば、そういう理想がないので「せめて写真ぐらい撮ろうか」ということかもしれないですよね。僕の心の中では、そういう記録、自分たちの証《あかし》のような。

——奥さんにつき合って、いやいやながらというのではないですもんね。

もう退職しているので、はっきり言ってどうでもいいじゃないですか。ほんとに、社会というか、会社を通しての世間、お客様とかの、タガが外れるわけですね。「こういう仕事しているから、これはできない」とか一切なくなって、「明日は絶対寝坊できない」というのもなくなって。そのうえ住む場所が変わって本当に、リセット。だから今までと全然違うことをしてもいいんだと。赤い靴下でもいいやと。ちょっと恥ずかしいけれど、奥さんと一緒だからいいやと。

――うちの夫に「リンクコーデしたい」と言っても恥ずかしいからいやだと言われちゃうんですけど、抵抗はないんですね。

今は人からどう思われてもいいんでね。恥ずかしいことは恥ずかしいんだけれども、自分はまず娘に「こういうの着なよ」「いいじゃん」と言われて始まったから。

――コーディネートも、基本的には自分で選んでますものね。着せられているというより、自分で選んで、デザインしているから。

そうそう。仕事でモデルさんに着せ替えするのを、自分でやってるみたいな。

――住む場所も変わって、新しい土地で自由に。

だからこそ、ふたりでやっていかなきゃいけない。あとは、今まで奥さんは我慢してきたので、少し自由なことをさせてあげたいな、というのもあるし。親との同居は、苦労があるじゃないですか。それは見ていればわかりますよね。今はふたりで自由だから、好きなことをして、のんびりできれば。

――いい旦那さん！　見てもわからない男も多いよね。

いやあ、もっといい旦那さんいっぱいいるんじゃないですか。何かこう、積極的な。僕は頼りないんじゃないですかね、多分。

――いや、とても頼られていますよ。いつも認めてくれるから、自分の得意分野を伸ばせて行けるんですものね。

自分もそうですからね。会社でしがらみにとらわれている自分を、奥さんが自由な気持ちにさせてくれる。おもしろいことやってくれるし。楽しいイベントを企画してくれる、みたいな。

――インスタも、GLAYも。でもそこについて行くのが優しいですよ。

まさかついて行くと思ってなかったんですけど、行ってみるとそれなりに楽しさがわかるので。そういう発見があります。「こうじゃなきゃいけない」という規制を取り払ってくれるというか。常識の最低限はわかっているのだけど、「それくらいいいじゃない、あなた考えすぎよ」と。「硬すぎる」とか言って。

――それをうるさいと思わずに、自由な気持ちにさせてくれると感じるなんて！

はじめは待て待てと思うのだけれど、言われた通りにやってみたら結構よかったな、というのが多いんですね。そういうのが積み重なると、なんとなくポンポンと。

――すごい、聞けば聞くほど、ふたりはぴったり。

いやあ、わかんないですよ、これぱっかりは。人と比べたこともないし。ご近所に住んでいる老夫婦も、元気そうでいいなあって思うんです。でもね、おふたりの生活がどうかというのは実際はわからないじゃないですか。表面上のことしかわからない。

――話変わりますけれど、bonさんはさりげなくエレベーターの扉を押さえてくれたり、先に通してくれたり、ジェントルマンですよね…！

秋田の人はええかっこしいなのでね。「ええふりこき」というんですけど。外面《そとづら》がいい。だから、そういうの関係なく自由な発言をする人を見ると

「おお、いいね」と思うんですよ。

――なるほど、千葉出身の自由な。

だから、そういうプラスとマイナスのような。そういうのを認めなかったなら、地元の人を選んでいたかもしれないですよね、自分と同じような感じの。

――では、これponさんにも聞いたのですけど、どちらが先に死にたいというのありますか。

自分が先に逝ったほうが幸せというのはありますけれど、相手を見届けたいという気持ちもありますね。でもそのあと、多分自分は生きる目的がなくなって、ガタガタっといくのかなという気はします。

――生きる、目的なんですか。

「ええふりこき」でいうと、そういうことになりますね。

（聞き手／矢島史・編集部）

おわりに

思い切って環境をリセットし、新しい場所でふたりの暮らしを始めたことに、今のところひとつも後悔はありません。処分できるものはすべて手放し、暮らしをシンプルでコンパクトに変えることができました。あらゆる社会的なしがらみや、文字通りの荷物から解き放たれた今、ようやく自分のこと、伴侶のことを考えられるようになった気がします。母を見送り、娘が巣立ち、仕事と地元に別れを告げて、気づけば本当に、お互いに「この人しかいない」。

朝早くに目が覚めた時、ふと横を見て、いつもの寝顔があることに安心します。ひとりではない、ふたりなんだと心強く安らかな気持ちになる。これまであまり一緒にいられなかったから、いつもその安心を感じられる今を本当に幸せだと思っています。

そして、一寸先に何があるかはわかりません。感じている毎日の幸せが、どれだけ貴重なものなのか、失った時に気づくのではもったいないと思います。だからこそ、今を大切にしたい。自分たちのために、いつも機嫌よくしていたい。笑顔で、楽しく過ごしていきたいと思っています。

夫婦の記録であるインスタグラムは、これからも変わらず続けていきたいです。みなさんの反応から、私たちは元気をいただいています。みなさんと広い世界でつながっていることで、自分たちだけではないんだという心強さをもらっています。

これからもどうぞ、よろしくお願いいたします。

bonpon

執筆協力　矢島史

撮影　林ひろし（カバー、帯、本文下記以外すべて）
p21、36〜37、40〜41、49〜55、99、222〜223著者撮影

デザイン　仲島綾乃

校正　大川真由美

編集　小宮久美子（大和書房）

撮影協力　PUBLIC.COFEE&BAR
長町遊楽庵 びすた〜り

bonpon ボンポン

仙台在住60代共白髪の夫婦。（夫＝bon、妻＝pon）。2016年12月よりはじめたインスタグラム（@bonpon511）で、色や柄などを合わせたリンクコーデのファッションスナップが評判となり、日本だけでなく台湾・香港など世界中から「おしゃれ！」「かわいい！」と支持を受ける。現在フォロワー数63万人（2018年1月）。アカウントの「511」は二人の結婚記念日。おしゃれだけでなく、「こんな夫婦になりたい！」「年をとるのがこわくなくなった」など、二人の仲むつまじさに憧れる人も多い。夫の定年退職を機に住み慣れた土地を離れ、あたらしい地でセカンドライフ（「第二の新婚生活みたい。」pon談）にチャレンジ中。著書に『bonとpon ふたりの暮らし』（主婦の友社）がある。

セカンドライフ、はじめてみました

2018年3月 1 日　第1刷発行
2018年3月20日　第2刷発行

著者　bonpon《ボンポン》

発行者　佐藤 靖

発行所　大和《だいわ》書房
東京都文京区関口1-33-4
TEL 03-3203-4511

印刷　廣済堂

製本　ナショナル製本

ISBN 978-4-479-78414-2

*乱丁・落丁本はお取替えします。
http://www.daiwashobo.co.jp